# La fe en Dios mueve montañas

*Principios que cambian vidas*

## David Yonggi Cho

Peniel

www.editorialpeniel.com

**La fe en Dios mueve montañas**
David Yonggi Cho

Publicado por *Editorial Peniel*
Boedo 25 (1206) Buenos Aires - Argentina
Tel/Fax: (54-11) 4981-6178 / 6034
web site: www.editorialpeniel.com
e-mail: info@peniel.com.ar

Publicado originalmente en coreano
por Seoul Logos Co. Inc. © 2002
Seúl, Corea del Sur

Traducción al español: Ariel Kim
Diseño de cubierta e interior: arte@peniel.com.ar
Copyright © 2002 *Editorial Peniel*
ISBN N: 987-9038-92-4
Producto nº: 316110

Ninguna parte de esta publicación puede ser reproducida en
ninguna forma sin el permiso escrito de Editorial Peniel.

Edición Nº I  Año 2002

*Impreso en Colombia*
*Printed in Colombia*

# Contenido

Introducción ........................................................................ 5

PARTE I: *La relación entre el éxito y la confesión de la palabra*

1. Un nuevo pensamiento y un nuevo lenguaje ............... 9
2. El potencial del pensamiento y del lenguaje ............. 21
3. El poder de la fe .......................................................... 26

PARTE II: *El principio del poder de la fe*

1. Todo depende de tu pensamiento ............................. 37
2. El principio del señorío .............................................. 40
3. El principio de la visualización ................................. 48
4. El principio de la siembra y la cosecha .................... 57
5. El principio de dar y recibir ...................................... 70
6. El principio del orden en cuanto a la petición ........ 73
7. El principio de la masa ............................................... 78

PARTE III: *La aplicación del poder de la fe*

1. Siete pasos para alcanzar una vida creativa de éxito ......................................................... 83
2. Espera que la luz del Señor resplandezca sobre ti ...... 86
3. Cielos abiertos: clave del milagro ............................... 89
4. Haz planes específicos ................................................. 93
5. Deja que el Sol, la Luna y las estrellas resplandezcan sobre tu vida ......................................... 95
6. Visualiza la prosperidad .............................................. 98
7. Piensa positivamente ................................................. 101
8. Ora hasta que la paz de Dios caiga sobre tu vida ..... 104

# Introducción

El problema más grande del hombre contemporáneo no es la falta de recursos, sino la falta de esperanza. Definitivamente, el hombre moderno carece de esperanza. En todos los rincones de la Tierra notamos que abunda la guerra, el terror, la calamidad, la pobreza, la maldición y el sufrimiento. Los estudiosos se preguntan: "¿Acaso habrá alguna esperanza para esta generación?" Creo que esta pregunta nos involucra también a nosotros. No solo en el ámbito personal, sino también en el ámbito colectivo, el resultado del querer sobrevivir depositando tu esperanza en lo mundano y temporario, es sin lugar a dudas, la desesperanza.

Entonces, ¿cual es la actitud que nosotros, los cristianos, debemos tomar ante esta situación? Creo que la mejor ilustración es la actitud de un bebé que descansa en los brazos de una madre. En otras palabras, debemos depositar toda nuestra confianza y fe en Dios, nuestro Padre celestial. Por más grande que sea la turbulencia de este mundo, nunca debemos perder nuestra fe en Dios. La fe, en sí, es un potencial donde fluye la esperanza y el poder transformador divinos.

¿Recuerdas al hombre que se había acercado a Jesús pidiendo ayuda por su hijo que se encontraba endemoniado? Cuando el hombre exclamó: *"Señor, si puedes hacer algo, ¡ayúdame!"*, el Señor le dijo: *"Si puedes creer, al que cree todo le es posible"* (Marcos 9:23). Su vida, al igual que la vida de su hijo, fue transformada totalmente al recibir esta palabra, y al cambiar su forma de pensar y hablar.

Los creyentes deben mostrar una actitud activa y firme, motivada por la fe. De esta manera podremos conquistar y señorear no solo nuestro destino, sino también nuestras circunstancias. Mi oración es que a través de este libro *La fe en Dios mueve montañas*, tu vida sea cambiada, y que goces de buena victoria cada día, y glorifiques de esta manera a nuestro Padre celestial.

*David Yonggi Cho, Seúl, Corea del Sur*

# PARTE I

*La relación entre el éxito y la confesión de la palabra*

## 1 · Un nuevo pensamiento y un nuevo lenguaje

Dios ha dotado al ser humano con un potencial casi ilimitado. Lamentablemente, el hombre no ha hecho uso de ese enorme don que Dios le ha dado, pero eso también significa que un nuevo mundo de posibilidades se presenta delante de nosotros, si somos capaces, con la ayuda del Espíritu Santo, de aprovechar todo el potencial que tenemos, el que se caracteriza por no tener ningún tipo de limitaciones.

Ecónomo (1876-1931), un científico alemán, sostuvo en su tesis que el espesor del cerebro del hombre, que tiene rayas en su superficie, como una nuez, es apenas de tres milímetros; pero que equivalía a una hoja de periódico en caso de descomponerse. Lo más sorprendente de esta investigación fue el descubrimiento de que el cerebro del hombre contenía aproximadamente trece mil seiscientos cincuenta y tres millones de células nerviosas.

El cerebro sigue siendo un misterio, aun hoy. Se dice que un 90% de los nuevos descubrimientos acerca del cerebro han surgido en los últimos quince años. Esto nos lleva a saber que el cerebro en sí sigue siendo un área desconocida para el hombre.

Un científico anónimo sostuvo que Johann Wolfgang von Goethe usó tan solo un 0,4% y Einstein un 0,6% del potencial del cerebro, y que a lo largo de la historia del hombre, nadie ha usado más del 1% de este potencial.

El hecho de que los estadounidenses y los europeos estén más avanzados que el resto del mundo, se debe a un mayor grado de uso de este potencial. Es llamativo que la mayoría de ellos tengan su origen y vivan en culturas cristianas. Su mentalidad se distingue por el desafío y el progreso. Ellos fueron los que se atrevieron a explorar el planeta, fueron pioneros en los viajes espaciales, descubrieron el automóvil, la aeronave, las comunicaciones... y la gran variedad de cosas que hoy nos rodean son producto de sus esfuerzos.

En Corea del Sur, por ejemplo, las escuelas, los hospitales, los asilos de huérfanos y ancianos, son resultado del esfuerzo de los primeros cristianos que se atrevieron a soñar en algo creativo. Esto indica que el potencial del desarrollo del mejoramiento de la calidad de vida es, sin lugar a dudas, la fe cristiana.

Si anhelamos llevar una vida saludable y exitosa, sea en el área espiritual o física, debemos guardar una actitud muy positiva. Lamentablemente, muchos cristianos confunden la fe con el deseo del corazón.

"Quisiera ser rico...".

"Quisiera alcanzar el éxito...".

"Quisiera respaldar el ministerio...".

Definitivamente, estas expresiones que contienen un deseo del corazón del hombre, no se relacionan con la fe.

*"Todo lo puedo en Cristo que me fortalece"* (FILIPENSES 4:13).

"¡Puedo hacerlo!" Así es una confesión de fe. Si guardas un pensamiento positivo de "sí puedo!", te surgirá una idea creativa de forma inmediata. Sin embargo, si cultivas un pensamiento negativo de "¡no puedo!", la situación empeorará.

El hombre vive y se mueve en tres dimensiones. La dimensión física o visual, la mental y la espiritual.

*"Por la fe entendemos haber sido constituido el universo por la palabra de Dios, de modo que lo que se ve fue hecho de lo que no se veía"* (HEBREOS 11:3).

Cuando el espíritu del hombre, que se encuentra en la dimensión espiritual, confiesa "sí puedo", el Espíritu

Santo es el que nos ayuda a través de nuevas ideas e inspiraciones. Sin embargo, si nuestro espíritu confiesa en forma negativa, las puertas de la dimensión espiritual se cierran, nos deja sin acceso a los recursos divinos.

## 1. Piensa en el éxito

Personalmente, nunca he dejado de orar y soñar con la evangelización de mi país y del mundo. Siempre he pensado que podía lograr este objetivo. Por eso, en estos momentos, en nuestra iglesia, estamos difundiendo el evangelio de Jesucristo a través de una página de Internet, la que ha sido lanzada hace no mucho tiempo. También tenemos un proyecto con una meta a diez años, el que consiste en plantar, como mínimo, quinientas iglesias autónomas en Corea del Sur. Muchos me dijeron que esto era imposible. No obstante, el Espíritu Santo me ha dado la plena convicción de que sí es posible.

Por más grande que sea la turbulencia, nunca deje de confesar que abrazará el éxito. Piensa en el éxito. Estoy seguro que lo alcanzarás.

Sin embargo, si tu pensamiento va en dirección contraria, el temor se apoderará de tu corazón y el resultado será el fracaso. No conozco a nadie que piense continuamente en fracaso y haya alcanzado el éxito.

Por supuesto, existen muchos casos que testifican de hombres y mujeres que han pensado solo en el éxito, pero que han fracasado. Inclusive, he visto a muchos creyentes que se han desilusionado bastante debido a que no alcanzaron lo que esperaban. Una persona de mi congregación dijo: "He oído al pastor decir que el que piensa en el éxito, alcanza el éxito. No obstante, siempre he fracasado". ¿Pero por qué ocurrió esto?"

En una ocasión le hicieron juicio a un diácono por un problema de la propiedad de un cierto establecimiento. Esta persona, como cristiano, oró todos los días, pensaba solamente en la victoria. Llegó el día del juicio, pero el resultado fue negativo. El diácono sintió una desilusión indescriptible a tal punto que pensó: "Si es que Dios está vivo, ¿cómo pudo haberme decepcionado de esta manera?" ¿Por qué este hermano perdió el juicio, si había concentrado todo su esfuerzo en la oración y en el éxito?

La respuesta es simple. Cuando alguien quiere comenzar un curso de estudio, debe pagar un arancel. Desde la educación primaria hasta la universitaria, todo alumno debe pagar una cuota, sin importar el carácter de cada curso. En el aprendizaje de la vida, toda persona debe pagar un precio para aprender el verdadero sentido de la existencia.

Quizás no sea raro ver a un inversor colocar cientos de miles de dólares, y quedar en bancarrota al otro día. Podría ser que en estos casos, el inversor piense que ha fracasado si ha desperdiciado gran cantidad de dinero. O como el caso de una persona que ha invertido mucho dinero en adquirir los mejores abogados, pero que ha perdido en el juicio. En ambos casos, según el sentido común, es un fracaso. No obstante, debemos darnos cuenta de que esto no es desperdicio, mucho menos fracaso. Al contrario, esto es una cuota que se ha pagado en la escuela de la vida.

Sea en la sociedad, en la familia o en la iglesia, si temes pagar el precio del fracaso, nunca lograrás aprender y aprobar esta materia que se llama "éxito". El fracaso es amargo; sin embargo, este es el precio que debemos pagar para lograr el éxito. Por consiguiente, no tomes el fracaso como un elemento negativo. ¿Deseas un éxito de gran magnitud? Entonces no olvides que tendrás que pagar un precio muy alto por esto: un fracaso, también de gran magnitud.

Por eso, considera el fracaso como una porción del éxito mismo. Concéntrate en el éxito final. Piensa, confiesa, visualiza y vive las veinticuatro horas del día junto al éxito.

"Quizá, no alcance el éxito". "Temo que fracase". Este

tipo de pensamientos negativos nunca dará a luz ideas creativas. No temas al fracaso. Piensa en el éxito. Por supuesto, el éxito que anheles debe ser para la gloria del Señor.

## 2. Piensa en grande

Cuando yo era niño, los adultos solían decirme lo siguiente: "Si vas a dibujar, dibuja algo grande, como un tigre o un león. Y, al menos, te saldrá un gato. Si piensas en un gato desde el comienzo, te saldrá un gato, o como mucho una rata".

Esto es un dicho típico de mi país, el que significa que debemos pensar en grande. La Biblia también nos enseña algo similar.

*"Abre tu boca, y yo la llenaré"* (Salmos 81:10).

Llevo cuarenta y cinco años en el ministerio, y siempre he planificado grandes proyectos, los que requieren muchas horas de oración y un esfuerzo extraordinario. Pero siempre me atreví a creer que podía lograr todas mis aspiraciones.

Un objetivo, sea cual fuere su magnitud, grande o pequeño, implica pagar un precio muy alto llamado "esfuerzo". Entonces, ¿no te parece mejor hacer proyectos grandes?

## 3. Mira tu éxito

Es fundamental que todo el que aspira al éxito se vea a sí mismo como una persona de éxito. Este es el principio de la visualización. No solo el creyente en Cristo, sino todo individuo alcanzará el éxito si hace uso de este principio.

La persona de éxito se viste como tal. Con esto no quiero decir que tengas que vestirte de ropa costosa. Pero sí quiero decir que debes vestirte decentemente, con ropa limpia y arreglada. La forma de caminar, de hablar, de actuar, debe ser la de una persona de éxito. Debes tener una autoimagen positiva.

Pedro escribió lo siguiente:

*"Mas vosotros sois linaje escogido, real sacerdocio, nación santa, pueblo adquirido por Dios"* (1 Pedro 2:9).

La persona con muchas riquezas es la que se ha visto a sí misma con muchas posesiones; el hombre de negocios que tiene logros es el que ha visualizado a su empresa crecer; el cristiano de éxito es el que se ha visto a sí mismo crecer espiritualmente. La persona de virtud es la que ha creído y se ha ganado la aceptación de parte de la gente. Una persona que no imagine ni planee el éxito, nunca lo alcanzará.

*"De modo que lo que se ve fue hecho de lo que no se veía"*
(HEBREOS 11:3b).

¿Deseas alcanzar el éxito? Entonces guarda una imagen de éxito en tu corazón, la que es invisible, y obsérvala en todo momento de tu vida.

## 4. Ora dentro del éxito

Dios es un Dios de éxito. Nunca ha conocido el fracaso. Dios es un Dios próspero. Nunca ha conocido la pobreza. Dios es luz, nunca ha morado en la oscuridad. Dios es un Dios saludable. Nunca conoció enfermedad. Dios es un Dios viviente. Nunca ha conocido la muerte.

Por lo tanto, debemos hacer oraciones de éxito, las que son una serie de diálogos con Dios. Una oración de fracaso expresa lamentaciones como "Señor, ¡no sé qué hacer!" Mientras que las oraciones de éxito contienen convicción. "Señor, sé que el milagro está por venir,

¡porque tú estás conmigo!" Debemos orar en el lenguaje espiritual, pues el poder creativo es lo que caracteriza justamente el mundo espiritual, y esto logra activar la personalidad y el poder del Espíritu Santo.

En geometría, la línea que conecta dos puntos tiene un carácter unidimensional, o sea una sola dimensión. Si a esta línea se le agregan innumerables líneas adicionales, la misma se convierte en un plano, el que tiene entonces un carácter bidimensional. Una combinación de planos se convierte en un cuerpo tridimensional. El plano unidimensional se encuentra bajo dominio del plano bidimensional, el que asimismo también se encuentra bajo dominio del plano tridimensional. Este principio de la geometría también es aplicable en el mundo físico.

Nosotros nos encontramos en el mundo físico, el que tiene un carácter tridimensional. Mi pregunta es si habrá alguna dimensión mayor que domine esta dimensión física. La Biblia nos comenta acerca de la cuarta dimensión en Génesis 1:2 que dice así:

*"Y la tierra estaba desordenada y vacía, y las tinieblas estaban sobre la faz del abismo, y el Espíritu de Dios se movía sobre la faz de las aguas".*

El idioma hebreo nos da una imagen más concreta,

pues el mismo aclara que el Espíritu Santo incubaba todo el planeta. En este versículo notamos que el Espíritu Santo se movía "empollando" el planeta, como un ave.

Puede decirse que la Tierra, la que estaba desordenada y vacía, pertenece al plano tridimensional, y que el Espíritu Santo, que pertenece al mundo espiritual de la cuarta dimensión, incubaba este mundo. Allí fue cuando Dios, a través de su palabra, proclamó la creación del universo, lo que se manifestó en el plano físico.

Por consiguiente, debes orar dentro del plano de la cuarta dimensión: "Dios, te pido que tu piedad esté sobre esta persona enferma". "Espíritu Santo, te pido que te muevas sobre ella con tu poder sanador." Este tipo de oración hace que el Espíritu Santo descienda hasta que sea sanada.

La oración es una petición por un éxito creativo. Por medio de la cuarta dimensión, la que se encuentra bajo la soberanía del Espíritu Santo, debemos primeramente incubar la realidad hasta que la misma resplandezca. La oración es un proceso de incubación.

Debe alcanzar el éxito y seguir caminando en las sendas del éxito junto al Señor. El éxito es el secreto de la felicidad. Aunque lleve muchos días intensos de trabajo aún sin dormir, el hombre de éxito jamás se siente cansado. El éxito produce autoconfianza, estimación a la gente, mejor calidad de vida y un mayor grado de esperanza.

¿De verdad anhelas el éxito? Una vida de éxito solo se logra a través de un pensamiento de éxito. Piensa en grande. Ten una autoimagen exitosa. Ora, y el éxito será tuyo.

## 2 · El potencial del pensamiento y del lenguaje

Un día tuve el privilegio de desayunar con un neurólogo muy reconocido de Corea del Sur, y me contó acerca de los descubrimientos más recientes de su área.

– Pastor Cho, ¿usted sabía que el nervio central del lenguaje, el que se halla dentro del cerebro, tiene absoluto dominio sobre el resto de los nervios? Un estudio reciente así lo reveló.

– Gracias por su información, doctor, pero la verdad que yo ya lo sabía.

– ¿Cómo? ¿Cómo lo supo? Esto fue descubierto hace muy poco tiempo.

– He aprendido de parte del doctor Santiago.

– ¿Santiago? Y... ¿quién es Santiago?

– Santiago es una persona muy famosa de hace dos mil años. Él nos explica de la importancia de la relación entre la lengua y el nervio central; también la relación que tiene este con los actos de una persona. Fíjese aquí. Lea Santiago 3:1... luego el versículo 2. Aquí dice claramente que la lengua, a pesar de que es un miembro muy pequeño, es capaz de refrenar todo el cuerpo. ¿Puede verlo?"

Al escuchar mis palabras, el neurólogo comenzó a explicar sus conocimientos que, indudablemente, coincidían con las palabras de Santiago. Y siguió comentando, con gran ánimo; se expresó así:

"Si una persona dice 'me siento débil', todos los nervios captarán el mensaje, y dirán entre sí 'vamos a prepararnos para ser débil. El nervio central nos manda que debemos sentirnos débiles', y el resultado de todo esto, físicamente hablando, será la falta de resistencia.

"Si una persona dice: 'Es cierto... soy un inútil. Creo que no podré hacer este trabajo', todos los nervios, al recibir este mensaje, reaccionarán según las palabras pronunciadas. 'Es cierto... el nervio central nos dice que somos inútiles. Tenemos que limitarnos en usar nuestro potencial. Tenemos que prepararnos para ser un verdadero inútil'.

"Si una persona dice: 'He envejecido demasiado. Me siento cansado e incapaz para hacer algo a esta altura de mi vida', el nervio central no tardará en enviar este mensaje al resto de los nervios, y los mismos reaccionarán diciendo: 'Es cierto, hemos envejecido demasiado. Estamos listos para morir. Vamos a prepararnos para descomponernos'. Y, en caso de que se sigan pronunciando estas palabras, no tardará en morir.

"Por lo tanto, nosotros nunca debemos perder el entusiasmo. Si perdemos el entusiasmo saldrán de nuestra boca palabras muy negativas tal como: 'Estoy perdido. No sé qué sentido tiene la vida', y los nervios reaccionarán con relación a este mensaje: actuarán de forma muy pasiva, lo que perjudicará nuestra salud severamente, y no tardaremos en morir a una edad muy temprana."

Y finalizó su comentario diciendo que el nervio central del lenguaje tiene poder sobre todo el cuerpo y que, por lo tanto, cualquier persona era capaz de controlar su propio cuerpo por medio de las palabras.

Estuve muy de acuerdo con el especialista, aunque no en su totalidad. La confesión de palabras positivas es la base del éxito.

Santiago 3:3 nos afirma que el que logra hacer obedecer la lengua, también logrará hacerlo con todo el cuerpo.

Deja de confesar que eres pobre, porque si no toda la atmósfera se tornará negativa y la pobreza te alcanzará, a tal punto que te sentirás más cómodo dentro de la pobreza que en medio de la prosperidad. Y esto te motivará a pensar y desear la pobreza.

Pero si confiesas que eres una persona talentosa y

exitosa, tu espíritu, alma y cuerpo reaccionarán al recibir este mensaje y lograrán de esta manera el éxito.

Nosotros, los coreanos, tendemos a decir: "Me muero de esto, me muero de aquello... Me muero de calor. Me muero de hambre. Me muero de gozo. Me muero de miedo".

Quizá, este tipo de expresiones fue la causa principal de la miseria y la guerra continua en nuestro país por más de cinco mil años.

Es tiempo de renunciar a las palabras negativas. Debes lograr el hábito el pronunciar palabras positivas.

¿Deseas ser renovado? Entonces, primero hazlo con tu vocabulario: renueva tu forma de hablar. Si te niegas a cambiar tu vocabulario, nunca podrás experimentar la renovación. ¿Deseas que tus hijos sean transformados? Si es así, enséñales primero a usar un lenguaje positivo. Los jóvenes, que se caracterizan por la falta de responsabilidad y respeto, deberán primero aprender a hablar un nuevo lenguaje.

¿Cómo podemos adquirir y aprender este lenguaje? Mi respuesta es la Biblia, la Palabra de Dios.

Debemos permitir al Espíritu Santo obrar con libertad dentro de nuestra personalidad, pues el Espíritu de Dios nos brinda las palabras más apropiadas en el momento apropiado.

Lee y medita la Biblia, desde Génesis hasta Apocalipsis, todos los días. Deja que el lenguaje bíblico domine tu mente. Confiesa palabras de fe. Pronuncia palabras de progreso, de creatividad, de productividad y de victoria. Porque de esta manera, aprenderás el secreto de la victoria.

## 3 · El poder de la fe

*"Es, pues, la fe la certeza de lo que se espera, la convicción de lo que no se ve"* (Hebreos 11:1).

### 1. La fe es la certeza de lo que se espera

La Biblia explica que la fe es la certeza de lo que se espera. La palabra "certeza" significa "base" o "título de propiedad".

En otras palabras, la fe es la base de lo que nosotros deseamos. Si tenemos en cuenta que la base es fundamental para que un edificio se afirme sobre la misma, la fe es fundamental para que podamos llevar a cabo nuestra vida cristiana devocional con éxito.

La fe también se asimila a un título de propiedad. ¿Qué es un título de propiedad? Es un papel en el que figura la pertenencia de un cierto terreno, un edificio o una casa, según corresponda.

Por lo tanto, la fe es la convicción que posees en tus manos como si fuese un título de propiedad, al orar con un objetivo claro y concreto.

Aunque nuestros ojos no observen ningún testimonio, ni nuestros oídos perciban palabra alguna, ni nuestras manos puedan alcanzar cosa alguna, y aunque nuestras sendas estén oscuras, si en lo profundo de nuestro corazón exclamamos "¡Ya está!", el poder de la fe se activará, y te convertirás en un hombre transformado.

## 2. La fe es la convicción de lo que no se ve

La fe es la convicción de lo que no se ve. Si la certeza de lo que se espera logra penetrar en lo más profundo de nuestro ser, contaremos con la convicción de que nuestros deseos ya han sido manifestados en la realidad, y nos caracterizará una alta autoconfianza. La fe es el sentimiento de que nuestros deseos ya se han realizado en la realidad física.

Precisamente, el Señor, al ver nuestra fe, nos bendice diciendo: "Y como creíste, te sea hecho".

Nada le será imposible para la persona que tengas este tipo de fe.

Si al orar, logras observar y visualizar algo que se encuentra fuera del mundo físico, no te detengas, mas sigue manteniendo ese nivel de oración, pues ese es el tiempo y la oportunidad de derribar cualquier argumento de lo imposible. Aún hoy Jesús nos dice:

*"Si puedes creer, al que cree todo le es posible"* (MARCOS 9:23).

## 4. La fe es el poder del Espíritu Santo

Una vez que obtengamos la fe, es fundamental que desatemos el poder que hay en nosotros por medio de la confesión de la palabra. Por ejemplo, si padeces de alguna enfermedad y crees que has sido sanado en un momento de oración, te aconsejo que confieses de la siguiente forma: "He sido sanado completamente. Esta enfermedad es una mentira y una usurpación. Enfermedad, mentira y usurpación, te ordeno en el nombre de Jesús, ¡fuera!"

¿En qué se basa esta confesión? ¿Tenemos autoridad para proclamar estas palabras? Por supuesto, la Palabra de Dios nos afirma claramente de la siguiente manera:

*"Mas él herido fue por nuestras rebeliones, molido por nuestros pecados; el castigo de nuestra paz fue sobre él, y por su llaga fuimos nosotros curados"* (ISAÍAS 53:5).

*"Por lo tanto, os digo que todo lo que pidiereis orando, creed que lo recibiréis, y os vendrá"* (MARCOS 11:24).

"¡Por la llaga del Señor, he sido sanado! ¡No tengo

nada que ver con la enfermedad! ¡Soy sano!" Si confesamos por fe, basándonos en las promesas de nuestro Señor, el Espíritu Santo desatará el poder de la sanidad divina.

Pero si aún teniendo fe, confesamos palabras negativas tal como: "No creo en la sanidad. Seguiré enfermo", el poder de la sanidad del Espíritu Santo no se desatará y no ocurrirá ningún milagro.

En cada área de la vida cristiana, este principio también puede ser aplicado efectivamente. Al ofrendar y diezmar, debemos desatar la bendición de la prosperidad por medio de la confesión de la Palabra, una vez que tengamos fe.

La Biblia nos dice que:

*"De cierto os digo que todo lo que atéis en la tierra, será atado en el cielo; y todo lo que desatéis en la tierra, será desatado en el cielo"* (MATEO 18:18).

Si vamos a las escrituras originales griegas, notaremos que el tiempo del versículo citado es "pasado". En otras palabras, esto significa que el resultado ya ha sido manifestado.

"Soy bendecido". "Soy sano". "Ya tengo la victoria en Cristo Jesús".

En la confesión de la palabra esta el secreto para desatar el milagro de Dios.

## 5. La fe debe coincidir con el lenguaje

El fracaso de parte de muchos cristianos se debe a la no coincidencia entre la fe y el lenguaje dentro de una misma personalidad. En el momento del culto, todo parece estar bien, a tal punto de que el creyente se siente capaz de mover montañas; sin embargo, al salir por la puerta de la iglesia, se deja inundar por los pensamientos negativos, y pierde de esta forma toda energía creativa.

¿Deseas crecer espiritualmente sin ningún tipo de limitaciones? Entonces, no debes dudar de que Dios es capaz de cambiar tu familia, tu estilo de vida, tus finanzas y tu destino, porque el milagro está por venir.

Desata el poder de fe que hay en ti por medio de la oración y la confesión de la palabra. Tu destino, más todo lo que lo rodea, cambiará. La Biblia nos promete lo siguiente:

> *"Te abrirá Jehová su buen tesoro, el cielo, para enviar la lluvia a tu tierra en su tiempo, y para bendecir toda obra de tus manos. Y prestarás a muchas naciones, y tú no pedirás prestado. Te pondrá Jehová por cabeza, y no por*

> *cola; y estarás encima solamente, y no estarás debajo, si obedecieres los mandamientos de Jehová tu Dios, que yo te ordeno hoy, para que los guardes y cumplas, y si no te apartares de todas las palabras que yo te mando hoy, ni a la diestra ni a la siniestra, para ir tras dioses ajenos y servirles"* (Deuteronomio 28:12-14).

Aférrate a esta promesa. Estoy seguro que la bendición del capítulo 28 del libro de Deuteronomio abundará sobre tu vida, tu familia, tu trabajo y sobre todas las cosas.

Gozará de victoria todos los días, desatarás el poder de fe a través de la confesión de la Palabra.

## 6. La fe debe mostrarse

Un día un alpinista escalaba un gran monte. Al resbalarse, perdió totalmente el equilibrio. Y al caer, logró, en una fracción de segundos, aferrarse a una rama. De repente, tuvo miedo y gritó:

– ¿Hay alguien ahí? ¡Socorro!
De repente, vino una voz que decía:
– Estoy aquí. Soy tu Dios.
– Oh, ¡Dios! ¡Qué alegría verte aquí! ¡Sálvame, por favor!

– ¿Quieres que te salve? Pero antes de eso, necesito hacerte una pregunta. ¿De verdad me crees?

– ¡Por supuesto que sí! Soy cristiano... voy a la iglesia todos los domingos... ¡soy líder de células!

– Bien. Entonces, ¡suéltate de esa rama ahora mismo!

– ¿Qué? ¿Qué has dicho?

– Si en verdad me crees, quiero que te sueltes de esa rama.

Esta indicación dejó sin palabras al alpinista.

Poco tiempo después gritó aún más fuerte:

– ¿Acaso no hay otro que me ayude por ahí?

La fe es una acción. La fe no es una simple expresión vocal. La fe es una decisión voluntaria que se manifiesta a través de la capacidad de aferrarse en lo invisible.

La fe es manifestada a través de los actos. Si nos fijamos muy atentamente en la Biblia, nos daremos cuenta que Jesús siempre veía la fe de las personas antes de obrar un milagro.

Fue el día de la visita de Jesús a la casa de la suegra de Pedro. Multitudes habían venido a este lugar debido a la fama de Jesús. La casa se lleno en poco tiempo, a tal punto que no había lugar ni para una persona más, y muchos tuvieron que quedarse en el patio.

Dentro de esa multitud, estaba un paralítico que había

venido ayudado por cuatro amigos. Pero la circunstancia se presentaba cada vez más desalentadora, pues la gente bloqueaba los accesos para llegar al Señor. No obstante, los cuatro amigos, que creían que su amigo paralítico sería sanado tan solo con acercarse a Jesús, decidieron romper el techo de la casa.

Se oyó un ruido extraño desde el tejado. Y cayó polvo sobre la cabeza de los presentes. La gente murmuraba, se preguntaban qué sería todo este alboroto. Sin embargo, estos amigos siguieron rompiendo el techo, hasta lograrlo. Luego empezaron a bajar el lecho donde estaba acostado el paralítico. Jesús observaba atentamente todo el acontecimiento. La Biblia describe este momento desde el punto de vista de Jesús de esta manera:

*"Al ver él la fe de ellos"* (LUCAS 5:20).

Dice la Palabra claramente que Jesús vio la fe de los amigos del paralítico. Jesús, al ver su fe, dijo al paralítico:

*"Levántate, toma tu lecho, y vete a tu casa"* (LUCAS 5:24).

De repente, ocurrió el milagro. ¡El paralítico se levantó y estaba completamente sano!

El apóstol Pablo, mientras estaba en la ciudad de

Listra, también hizo lo mismo. Al predicar la Palabra, observó a un cojo de nacimiento, y vio en él que había fe para ser sanado. Y le dijo: *"¡Levántate derecho sobre tus pies!"* Y el cojo saltó, y anduvo.

¿Puedes entenderlo ahora? Dios primeramente observa nuestra fe, antes de obrar un milagro. Santiago 2:17 dice: *"La fe, si no tiene obras, es muerta en sí misma"*. Dios observa la fe que tiene acción, y obra el milagro sobre ella.

# PARTE II

*El principio del poder de la fe*

## 1 · Todo depende de tu pensamiento

Un turista de habla inglesa se maravilló al ver las hermosas cataratas del Niágara y, emocionado, tomó un poco de agua fresca que caía desde lo alto. Pero al ver un cartel de advertencia, comenzó a gritar y a pedir socorro. Inmediatamente lo trasladaron hasta el hospital más cercano, en donde lo internaron en la sala de emergencias.

Lo que había pasado es que este hombre había leído un cartel de advertencia que decía "POISON", cuyo significado en su idioma es "veneno". Por lo tanto, fue una respuesta muy lógica el comportamiento y la actitud que había tomado.

Al llegar al hospital, el turista comenzó a gritar: "Tomé un poco de agua de las cataratas del Niagara, pero observé que en un cartel decía "veneno". ¡Déme un antídoto ahora mismo! Creo que el veneno ya ha sido dispersado por todo mi cuerpo".

Al escuchar atentamente estas palabras, el médico comenzó a reírse, y luego dijo:

"Termine todo el escándalo y levántese, señor. El

cartel que usted vio no decía 'POISON.' La palabra usada era la palabra francesa 'POISSON' con una 's' más que la palabra 'POISON.' La palabra POISSON en francés significa 'pez.' Por lo tanto, el cartel da aviso que el agua ha sido reservada para la protección de los peces."

El pensamiento cambia la actitud de una persona. Este principio también es aplicable en la vida cristiana. Todo depende de su pensamiento. El pensamiento es un factor importante capaz de cambiar el rumbo de tu destino.

Los cambios tanto sociales como económicos que han surgido últimamente podrán ser superados únicamente por medio de un nuevo pensamiento. No debemos permitir que nos invadan las enormes olas de las circunstancias negativas. ¡Todo lo contrario! Debemos navegar al ritmo de las olas del caos y las dificultades para poder llegar al puerto de la paz y la prosperidad. Esto se logra únicamente a través de un pensamiento activo y positivo.

El "no puedo" no nos lleva a ningún lugar. Nuestra confesión debe ser siempre: "Todo lo puedo".

No debemos permitir que nuestra lengua sea tentada a decir: "No puedo. No creo que pueda hacerlo bien. No me siento capaz para esto".

Este tipo de confesiones nos lleva a un abismo más profundo de desesperanza y frustración. ¡No se dé por vencido! Alguien que se dé por vencido comerá el fruto de la muerte y la destrucción.

¡Debemos levantarnos! Quiero animarte, lector, y decirte "¡levántate ahora mismo! ¡Y corre hacia la esperanza!"

He aquí quiero presentarte los seis principios espirituales que te permitirán alcanzar y experimentar la mejor vida que hayas imaginado.

## 2 · El principio del señorío

*"Llenad la tierra y sojuzgada, y señoreada en los peces del mar, en las aves de los cielos, y en todas las bestias que se mueven sobre la tierra"* (GÉNESIS 1:28).

En Génesis capítulo 1, Dios describe la razón por la que creó al hombre.

*"Hagamos al hombre a nuestra imagen, conforme a nuestra semejanza; y señoree en los peces del mar, en las aves de los cielos, en las bestias, en toda la tierra; y en todo animal que se arrastra sobre la tierra"* (GÉNESIS 1:26).

Dios creó al hombre conforme a su imagen y semejanza y le fue otorgada la autoridad para señorear toda la Tierra. Al saber esta verdad, Satanás tentó al hombre para quitarle tal autoridad.

El hombre cayó en tentación, y perdió de esta forma la imagen y semejanza divinas, y la autoridad de señorío fue devastada por el mal. Fíjate en la naturaleza que el hombre ha logrado conquistar. La ha destruido completamente, ha arruinado aún su propia Tierra. Esto se debe a la semilla del mal, la que fue plantada en el momento de la desobediencia.

No obstante, la imagen y semejanza de Dios, son restauradas en la persona que ha recibido a Jesucristo como su salvador personal. Esto sí que es una gran bendición.

Por consiguiente, tu y yo, que hemos recibido a Jesucristo, hemos sido transformados para alcanzar la plenitud de Cristo, al crucificar en la cruz al viejo hombre, en el que fue plantada la semilla del mal.

Dios ha dado la autoridad para señorear a los que han sido transformados, restaurando de esta forma la imagen divina. Por lo tanto, no te olvides que nosotros, los cristianos, nunca podremos ser vencidos ni derrotados. ¡Porque la victoria es nuestra!

La Biblia dice:

*"De modo que si alguno esta en Cristo, nueva criatura es; las cosas viejas pasaron; he aquí todas son hechas nuevas"*
(2 CORINTIOS 5:17).

Tu y yo no somos más siervos del destino, de las circunstancias y de la vida cotidiana; al contrario, tenemos la autoridad para señorear toda la Tierra. Me duele mucho el corazón cuando veo a algunos creyentes que no usan este potencial que Dios mismo les ha dado. Cabe recalcar que Dios nos ha dado la bendición para crear, señorear y sojuzgar.

Entonces, ¿cómo podemos señorear y sojuzgar la Tierra y ser bendecidos?

Lee atentamente los siguientes pasos:

## 1. Debes tener una imagen de señorío

Si quieres señorear sobre las circunstancias, primero debes tener una imagen de señorío. Si guardas una imagen de inferioridad, de crítica, de fracaso, de pobreza, nunca podrás contar con la ayuda de Dios.

¿Has recibido a Jesucristo? Entonces, confiesa: "He sido creado conforme a la imagen de Dios en Cristo Jesús. Tengo la bendición y la autoridad para señorear y sojuzgar. Por lo tanto, soy prosperado en todas las cosas, y tengo salud, así como prospera mi alma; y tengo vida abundante". Dios obrará según nuestra fe.

En una palabra, te pido que guardes una imagen de autoridad sobre el destino y las circunstancias.

Personalmente, cada vez que paso por medio de un túnel de dificultades, acostumbro a meditar en este hermoso pasaje:

*"Jehová preside en el diluvio, y se sienta Jehová como rey para siempre"* (SALMOS 29:10).

Basado en esta palabra, trato de restaurar la imagen de autoridad dentro de mí.

Al igual que Jesucristo, que preside en el diluvio, yo también obtengo la victoria, me subo arriba del diluvio.

Medita y guarda esta promesa. Acércate a Dios con acción de gracias. Porque huirá todo temor y te llenarás de fe.

Esta gracia no me fue dada solamente a mí, sino a toda persona que haya recibido a Jesucristo en su corazón.

Comienza a confesar:

"Tengo autoridad para señorear mi destino y sobre las circunstancias".

En el pasado, quizá hayas seguido al destino y al fatalismo, pero ahora eres el que posee dominio y autoridad sobre el diablo, el pecado, la enfermedad y la pobreza, porque te fue otorgada la autoridad para señorear.

El nacer de nuevo no implica de ninguna manera someternos a la pobreza y la desesperanza; ¡todo lo contrario! El nacer de nuevo implica nacer como un conquistador, como un vencedor. En síntesis, lo primero que debes hacer es tener una imagen donde se refleje una actitud firme de gobierno.

## 2. Dios debe ser la prioridad número uno

Si realmente anhela vivir con autoridad y señorear sobre cualquier circunstancia, la prioridad número uno de tu vida debe ser Dios.

¿Por qué? Porque la unción de señorío implica ejercer la autoridad de Dios. Por consiguiente, si nuestra vida no se relaciona con Dios, no podremos ejercer esa autoridad, ya que nos será quitada. Por esta razón Dios nos hace pasar por un túnel de prueba antes de otorgarnos el poder para ejercer semejante autoridad.

Cuando Moisés llegó a Cades-Barnea junto al pueblo de Israel, Dios le dijo que mandase a espías para observar la tierra de Canaán.

¿Por qué? ¿Acaso Dios no sabía en qué condiciones se encontraba la tierra prometida? De ninguna manera lo ignoraba. Pero Dios quería probar el corazón de su pueblo antes de otorgarles la autoridad de señorear sobre la tierra de Canaán.

Fueron doce espías los que habían observado la tierra durante cuarenta días y cuarenta noches. Sin embargo, diez de ellos brindaron una información muy negativa.

*"Y hablaron mal entre los hijos de Israel, de la tierra que habían reconocido, diciendo: La tierra por donde pasamos a reconocerla, es tierra que traga a sus moradores; y todo el pueblo que vimos en medio de ella son hombres de grande estatura. También vimos allí gigantes, hijos de Anac, raza de los gigantes, y éramos nosotros, a nuestro parecer, como langostas; y así les parecíamos a ellos"* (NÚMEROS 13:32-33).

Al oír estas palabras, todo el pueblo de Israel clamó toda la noche que sería mejor volver a la tierra de Egipto. Pero nota cómo Josué y Caleb brindaron una información totalmente contraria a la anterior:

*"Por lo tanto, no seáis rebeldes a Jehová, ni temáis al pueblo de esta tierra; porque nosotros los comeremos como pan; su amparo se ha apartado de ellos, y con nosotros está Jehová; no los temáis"* (NÚMEROS 14:9).

Los diez espías guardaban un corazón impuro, sus motivaciones estaban alejadas de Dios; en sus vidas el Señor no era la prioridad mayor. La negatividad de estos individuos estaba prevista. Sin embargo, Josué y Caleb guardaban una actitud positiva, reflejo de una vida, en la que Dios era la prioridad número uno. Su esperanza era obvia, pues tenían una actitud positiva debido a que conocían y confiaban en el Señor.

Como consecuencia, los diez espías murieron en el desierto junto al resto del pueblo de Israel, que había murmurado. Solo Josué y Caleb lograron entrar en la tierra prometida, conquistaron de ese modo su herencia y alcanzaron el destino para el que Dios los había preparado. Ejercieron la autoridad con el poder que Dios les había dado por haber guardado la fe y cultivado una actitud positiva.

Al igual que a Josué y Caleb, Dios nos prueba antes que otorgarnos la autoridad para señorear. Esto es similar a un examen de ingreso en la secundaria o en la universidad. El Señor nos toma examen antes de bendecirnos. No temas pasar por la prueba, pues la misma estará hasta que la hayas aprobado satisfactoriamente. No te olvides que debes aprobar este examen.

*"Ninguno que poniendo su mano en el arado mira hacia atrás, es apto para el reino de Dios"* (LUCAS 9:62).

Debemos guardar una actitud positiva frente al examen, y marchar hacia adelante pensando que frente a nosotros tenemos una posibilidad sin límites. Solo así podremos aprobar este examen y lograr una vida de autoridad para señorear y sojuzgar en cualquier tipo de circunstancias.

## 3 · El principio de la visualización

*"Y Moisés hizo una serpiente de bronce, y la puso sobre un asta; y cuando una serpiente mordía a alguno, miraba a la serpiente de bronce, y vivía"* (Números 21:9).

El principio de la visualización es la clave para ser bendecido.

En la Biblia, vemos que Jesús le dijo a Nicodemo:

*"Y como Moisés levantó la serpiente en el desierto, así es necesario que el Hijo del Hombre sea levantado, para que todo aquel que en él cree, no se pierda, más tenga vida eterna"* (Juan 3:14-15).

Hay un mensaje muy importante en este pasaje. Jesús vino a esta Tierra para redimir el pecado de la humanidad. El hecho de que Jesús haya dicho: *"Es necesario que el Hijo del Hombre sea levantado"*, implica que nosotros ya hemos sido mordidos por la serpiente. Debido a la desobediencia y la murmuración, el hombre se encuentra en el abismo de la oscuridad, y es robado, matado y destruido.

El mundo se halla en medio de la oscuridad y la desesperanza, es oprimido por Satanás. Nosotros debíamos morir por haber desobedecido a Dios; sin embargo, Jesús nos dice: *"Es necesario que el Hijo del Hombre sea levantado"*. En una palabra, esto significaba que Jesús sería crucificado en la cruz y allí arrebataría toda influencia de Satanás y, por consecuencia, todo el que observe a Jesucristo, que fue crucificado en la cruz, será mudado de la oscuridad a la luz, de la muerte a la vida. Este es el principio de la visualización.

Dios bendijo a Abraham a través de este mismo principio espiritual. Cuando el patriarca se encontraba en su vejez, frustrado por no poder concebir un hijo, Dios se le apareció y le dijo que contase las estrellas del cielo (véase Génesis 15:5). A partir de ese mismo momento, Abraham comenzó a visualizar la numerosa descendencia con los ojos de la fe. Como consecuencia de esto, se convirtió en padre de multitudes.

Cabe recordar que hay personas que han usado este principio de una manera incorrecta. La esposa de Lot, por ejemplo. En el momento de la destrucción de la ciudad de Sodoma y Gomorra, Dios le había advertido a Lot y a su familia que no mirasen hacia atrás, y que marcharan hacia adelante. No obstante, la mujer miró hacia atrás, y se convirtió en una estatua de sal (véase

Génesis 19:26). El pecado de esta señora fue mirar hacia atrás; cuando observó la destrucción de Sodoma y Gomorra, también fue destruida.

Eva también es otro ejemplo. El pecado de Eva se debe al uso incorrecto del principio de la visualización. Eva vio que el árbol era bueno para comer, agradable a los ojos y codiciable para alcanzar la sabiduría; entonces comió del fruto (véase Génesis 3:6).

El rey David fue otro protagonista del mal uso de este principio espiritual. Mientras todo el ejército de Israel libraba una feroz batalla con los hijos de Amón, David permaneció en la ciudad de Jerusalén. En una de esas tardes, mientras paseaba por el terrado de la casa real, observó a una mujer muy bella. La mandó a buscar y cometió adulterio. Como resultado, la mujer llamada Betsabé, quedó embarazada. Fue una situación tan desesperante para el rey que hizo matar a Urías, su esposo, al ponerlo en el frente, en lo más recio de la batalla: cometió un homicidio (véase 2 Samuel 11:2-15).

El tema de la visualización es algo fundamental.

Nuestra vida es como el desierto. Hay veces que cometemos faltas y somos mordidos por la serpiente que es el diablo. ¿Cuál es la actitud que debemos mostrar ante una situación tan terrible como esta?

Debemos contemplar a Jesús. El pueblo de Israel vivió al observar, en obediencia y fe, la serpiente de bronce que había sido colocada en un asta. Hoy nosotros también podemos gozar de una vida abundante, de una transformación y restauración de nuestro espíritu, alma y cuerpo, de nuestras circunstancias, si tan solo observamos en obediencia y fe a Jesús que ha sido crucificado en la cruz del Calvario.

## 1. Visualiza el perdón

Ni una sola persona puede huir del pecado, pues todo hombre es pecador. Todo hombre, por ser descendiente de Adán, nace con pecado. Esto es como el color de la piel de un bebé; el tono de la piel de sus padres lo define todo. A medida que vivimos en este mundo donde abunda el pecado y la injusticia, la carga de nuestro pecado se presenta innegablemente.

¿Cómo podemos dejar la carga del pecado? ¿Por medio de la religión? No. ¿Por medio del dinero? Tampoco.

La única manera de descargar el pecado es a través de mirar a Jesucristo que ha sido crucificado en la cruz del Calvario. Solo al observar a Cristo en la cruz, su sacrificio y derramamiento de sangre, es que podemos sentir un gozo indescriptible y la convicción del perdón de nuestros pecados.

*"Sin derramamiento de sangre, no se hace remisión"*
(Hebreos 9:22).

## 2. Visualiza la unción y la llenura del Espíritu Santo

Al mirar a Cristo Jesús que ha derramado su sangre, experimentamos la unción del Espíritu Santo.

Observa a Jesucristo que ha sufrido por ti. Si lo haces, el Espíritu de Dios descenderá sobre ti, y empezarás a hablar en otras lenguas, según el Espíritu te dé que hables.

Visualiza la cruz y al Señor en ella. Solo la persona que haya sido redimida por la sangre de Jesucristo recibirá la llenura del Espíritu Santo.

La llenura del Espíritu Santo obrará y transformará tu corazón para que sea tierra buena y fértil, y produzca buen fruto a ciento, a sesenta y a treinta por uno.

A través de mirar la cruz del Calvario, debes beber del agua viva del Espíritu Santo que proviene de Jesús.

La llenura del Espíritu Santo abundará en tu espíritu, en tu familia, en todo lo que rodea tu vida, hasta el punto que todo problema, toda preocupación, toda ansiedad será sumergida en la ola de poder del Espíritu Santo.

## 3. Visualiza la sanidad

Antes de que fuese crucificado, Jesús recibió treinta y nueve latigazos, según la tradición. Su piel fue despedazada. Todo su cuerpo fue manchado por la sangre. ¿Por qué motivo tuvo que sufrir de esta dolorosa manera? La Biblia contesta a este interrogante de la siguiente forma:

*"Y por cuya herida fuisteis sanados"* (1 PEDRO 2:24).

Jesús sufrió todo esto con el propósito de darnos salud. Por lo tanto, cualquier tipo de enfermedad, sea mental o física, puede ser sanada si uno observa con fe la obra de Jesucristo, que fue llagado por nuestras dolencias. *"Y por su llaga fuimos nosotros curados"* (ver Isaías 53:5).

## 4. Visualiza la prosperidad

Jesús ha muerto en la cruz para deshacer también los espinos y los cardos de nuestra vida. El Señor vivió en medio de la pobreza, comenzó su vida en un pesebre. Hasta el momento de su muerte, no tuvo dónde recostar su cabeza.

¿Cuál es la razón por la que el Hijo de Dios vivió en pobreza? La Biblia nos explica claramente:

*"Porque ya conocéis la gracia de nuestro Señor Jesucristo, que por amor a vosotros se hizo pobre, siendo rico, para que vosotros con su pobreza fueseis enriquecidos"* (2 CORINTIOS 8:9).

Ningún padre querrá que su hijo viva en medio de la miseria y la pobreza. Es más, una de las razones por las que los padres trabajan duro, es el deseo de querer brindarles a sus hijos una mejor calidad de vida como parte de su herencia.

La Biblia también testifica esto; lo enseña de la siguiente manera:

*"Cristo nos redimió de la maldición de la ley, hecho por nosotros maldición (porque está escrito: Maldito todo el que es colgado en un madero), para que en Cristo Jesús la bendición de Abraham alcanzase a los gentiles, a fin de que por la fe recibiésemos la promesa del Espíritu"* (GÁLATAS 3:13-14).

La bendición de la prosperidad de espíritu, alma y cuerpo es una gracia básica y esencial que recibimos al creer en Cristo Jesús.

## 5. Visualiza la esperanza del reino de los cielos

El hombre es un peregrino. Ningún ser humano podrá vivir en esta Tierra eternamente. La Biblia nos declara que:

*"¿Qué es vuestra vida? Ciertamente es neblina que se aparece por un poco de tiempo, y luego se desvanece"*
(Santiago 4:14).

Esto significa que llegará el momento en el que tengamos que dejar nuestro cuerpo. Habrá gente que recibirá vida eterna, y gente que recibirá el castigo eterno. ¿Qué es lo que hace la diferencia? La fe en Jesucristo. Los que hayan recibido a Jesucristo como su Señor y Salvador personal recibirán vida eterna, y los que se hayan rehusado a recibir a Jesús, serán condenados al castigo eterno. Todos los que hayan creído en Jesús tendrán vida eterna; serán resucitados en el día de la segunda venida de Jesucristo y vivirán con el Rey de reyes eternamente.

La razón por la que Dios redime nuestro espíritu, bendice la obra de nuestras manos y sana nuestro cuerpo, se debe al deseo de permitirnos gozar de un anticipo de la vida en el reino de Dios. Por consiguiente, no te desalientes por las adversidades que la vida te presenta. Debemos guardar la esperanza del reino de los cielos. La persona que enfoca su mirada al reino de los cielos nunca se sumergirá en el abismo de la ansiedad y el fracaso, sino que su vida se caracterizará de gozo y acción de gracias, pues guardará en su corazón el deseo de la herencia eterna.

## 4 · El principio de la siembra y la cosecha

*"Pero parte cayó en buena tierra, y dio fruto, cual a ciento, cual a sesenta, y cual a treinta por uno"* (MATEO 13:8).

Es interesante ver que ciertos desiertos han sido cambiados en tierra fértil por tener un río cercano, y ahora es un lugar habitable para cualquier organismo viviente. No es casualidad que el origen y la expansión de las civilizaciones antiguas hayan sido lugares con ríos.

Por ejemplo, la antigua China se inició en la cuenca de los ríos Mekong y Saluen; India, en los ríos Indo y Ganges; la civilización mesopotámica, entre los ríos Tigris y Éufrates; Egipto, en el Nilo.

En el espíritu de cada persona que haya recibido a Jesucristo en su corazón, fluye el agua viva del río de Dios.

*"El que cree en mí, como dice la Escritura, de su interior correrán ríos de agua viva"* (JUAN 7:38).

*"Será como el arbol plantado junto a corrientes de aguas, que da su fruto en su tiempo, y su hoja no cae; y todo lo que hace prosperará"* (SALMOS 1:3).

En toda persona que haya creído en Dios correrán ríos de agua viva, y esto le permitirá gozar de la gracia abundante.

Pero hay un punto muy importante. Por más que tengamos tierra fértil a nuestra disposición, si no sembramos tampoco cosecharemos. Debemos sembrar semillas de fe si es que queremos experimentar el poder de Dios.

Un gran incendio había devastado prácticamente toda la ciudad de Chicago. Los periodistas y los reporteros habían corrido para transmitir todo el acontecimiento. Fue en esos instantes críticos cuando un periodista se acercó al famoso predicador D. L. Moody para entrevistarlo, pues había visto que dentro de esas llamas de fuego estaba la iglesia del pastor.

—Pastor Moody, toda su vida ha predicado que Dios es todopoderoso, y que nada es imposible para Él. Mi pregunta es: ¿Por qué Dios habrá dejado que su iglesia fuese incendiada?

Sonriendo, Moody le contestó:

—Es que yo le pedí a Dios una iglesia más grande. Y, he aquí la respuesta de parte de Dios. Económicamente, se nos hacía muy costoso demoler todo el templo y después hacer otra construcción. Ahora, solo necesitamos construir uno nuevo.

Al oír estas respuesta, los periodistas se quedaron sin palabras. Moody estaba todavía en pijamas, pues el incendio había ocurrido muy temprano por la madrugada. El periodista se inquietó y se animó a preguntarle lo siguiente:

– Pastor, entonces, ¿quiere decir que tiene suficiente dinero como para construir un nuevo templo?

Moody le contestó mostrándole su Biblia.

– Salí sin cheque ni dinero en mis bolsillos. Pero tengo en mis manos la mejor caja de ahorros, la que nunca está en bancarrota. No se preocupen. Ustedes podrán ver una iglesia aún más grande y más hermosa que será levantada en poco tiempo.

Luego de este incidente, Moody cruzó el océano Atlántico para realizar grandes cruzadas en Inglaterra, que produjeron un terremoto espiritual en esa nación. Al volver a su país, quedó sorprendido, pues innumerables personas que habían participado en sus conferencias habían ofrendado con el propósito de construir el nuevo templo. Gracias a estas ofrendas, logró construir una iglesia mucho más grande y mucho más hermosa que la anterior.

No se olviden. Recuerden que el Señor dijo que podrían pasar la Tierra y los cielos, pero jamás pasará la palabra de Jesús.

*"El cielo y la tierra pasarán, pero mis palabras no pasarán"*
(MATEO 24:35).

Llegará un día que el hombre, la fama, la teología y las denominaciones dejarán de existir, más la Palabra de Dios permanecerá para siempre, no cambiará. En las Escrituras existen 32,500 promesas, ¡y todas son para ti! No existe ningún privilegio; todos tienen derecho a recibir la bendición de estas promesas.

Cierto día, mientras ministraba en Europa, un grupo de personas se acercó a mí y me dijeron:

– Doctor Cho, nosotros creemos que usted obra milagros porque Dios lo ha ungido de una manera muy especial.

– Lamento decir que no tienen razón. ¡Los sesenta y seis libros de la Biblia no me fueron dados solamente a mí, sino a todos! Por lo tanto, solo el que haya creído y practicado la Palabra, sin dudar, contará con el poder para ver cómo los milagros acompañan sus vidas. Muchos cristianos hoy, no experimentan el milagro porque no practican la Palabra.

En conclusión, el problema no está en la Palabra, sino en el corazón del hombre. La diferencia del fruto está en la condición de la tierra (el corazón del hombre).

En Mateo capítulo 13, el Señor Jesús relata la parábola del sembrador. Recuerde que la tierra, el lugar, es el corazón del ser humano. El Señor nos habla de camino, pedregales, espinos y buena tierra; y los comparó. No se encontró ningún fruto en los primeros tres casos. Solo la semilla sembrada en buena tierra produjo a ciento por uno. ¿Querrá decir que en los primeros tres casos, no existe ningún tipo de esperanza? No. La cuestión está en labrar y trabajar la tierra, para que la misma se convierta en fértil. Veamos más en detalle.

## 1. La semilla que cayó junto al camino

*"Y mientras sembraba, parte de la semilla cayó junto al camino; y vinieron las aves y la comieron"* (Mateo 13:4).

Ninguna ave podrá comer una semilla que haya caído en buena tierra, pues la tierra cubrirá la semilla, y no se verá. Pero la semilla que haya caído junto al camino se observará fácilmente, y vendrán las aves y las comerán.

Esta parte de la parábola se refiere a personas que ya tienen cierto conocimiento de la Palabra de Dios; sin embargo, no prestan atención a la semilla de la Palabra debido a sus intereses en las cosas mundanas. Ningún cristiano que tenga sus prioridades desordenadas podrá dar buen fruto. Si aman más el dinero, al trabajo, al deporte o cualquier cosa más que a Dios, tienen sus vidas desenfocadas. Están fuera del camino y ninguna semilla junto al camino dará fruto.

No obstante, hay esperanza para este tipo de personas, ya que puede labrarse la tierra profundamente, y transformarla. La buena tierra no es producto de la casualidad, sino de un gran esfuerzo y trabajo. Entonces, ¿cómo podemos cavar profundamente y cambiarla en tierra fértil y agradable?

*1) Siembra la Palabra de Dios*

¿Qué significa esto? Significa comprender la Palabra. Hay cristianos que escuchan una inmensa cantidad de los mejores sermones y toman los mejores cursos de discipulado; sin embargo, si no se ha comprendido y puesto por obra la Palabra, de nada sirve escuchar las prédicas y estudiar. Es fundamental que comprendamos la Palabra.

Un día me invitaron a predicar en una iglesia localizada en las afueras de la ciudad. Como acostumbro hacer, volqué todo mi esfuerzo para predicar el mejor sermón. No obstante, sentí un gran frío espiritual. De repente, dejé de predicar, y señalando a una mujer de edad avanzada, le pregunté:

– Hermana, ¿usted cree en Jesús?
– ¡Sí, pastor, por supuesto!

Me contestó con tanta seguridad que su respuesta me dejó sin palabras por un momento. Pero insistí:

– ¿Está segura que vivirá en el reino de Dios eternamente?

– Ah, ¡no lo sé! ¿Y cómo voy a saberlo?

Su respuesta me llamó mucho la atención. Es alarmante saber que muchos cristianos que confiesan haber recibido a Jesús, no tienen la seguridad de la vida eterna y el reino de los cielos. ¡No importa cuántos años de iglesia tengan! Lo primordial es si realmente se ha plantado la semilla de la salvación en lo profundo de su corazón.

*"Más a todos los que le recibieron, a los que creen en su nombre, les dio potestad de ser hechos hijos de Dios"* (JUAN 1:12).

El saber la palabra no es suficiente. Hay que comprenderla y creerla. Este es el proceso de la plantación de la semilla de la salvación.

La ley de la naturaleza nos enseña que lo sembrado será cosechado en el momento oportuno. Por lo tanto, si hemos sembrado la semilla de la salvación, debemos creer que cosecharemos el fruto de la salvación; y si hemos sembrado la semilla de la sanidad en oración, cosecharemos el fruto de la sanidad.

Para sembrar la semilla, se necesita primero la meditación en la Palabra; y segundo, una vida de alabanza y adoración. Y en tercer lugar, es muy importante también el estudio de la Palabra de Dios. A través de todo un proceso dentro de la vida cristiana, la persona alcanzará a comprender la Palabra, y si es así, cosechará buen fruto de la semilla que había plantado anteriormente.

## 2) *Obedece*

Una vez comprendida la Palabra, es importante seguir el segundo paso, y este consiste en obedecerla. La fe vendrá únicamente a través del canal de la obediencia. Por esta razón, la Biblia nos dice:

*"Porque como el cuerpo sin espíritu esta muerto, así también la fe sin obras está muerta"* (Santiago 2:26).

¿Padeces de alguna enfermedad? Mediten el pasaje que dice: *"Por cuya herida fuisteis sanados"* (1 Pedro 2:24). Acepta el hecho de que Jesús ha sufrido para que recibas sanidad. Obedece la Palabra, piensa y trabaja como una persona sana. Si lo haces, Dios iluminará el resplandor de sanidad, y sanará tu enfermedad.

Lamentablemente, hay mucha gente que afirma: "Bendíceme primero, y te obedeceré", "Sáname primero, y te seguiré". Esto es como ubicar una locomotora detrás del tren.

La obediencia precede a la fe. La Biblia nos enseña que: *"Ciertamente el obedecer es mejor que los sacrificios, y el prestar atención que la grosura de los carneros"* (1 Samuel 15:22). Por lo tanto, no tardes mucho en obedecer la Palabra a medida que el Espíritu Santo te lo revele. Este es el método para hacer crecer el fruto de la semilla de la Palabra de Dios.

3) *Espera por fe*

La fe no se la debe confundir con la emoción, pues la fe está basada en la Palabra de Dios. Por consiguiente, aunque nuestros ojos no observen, ni nuestras manos toquen ni nuestros oídos oigan cosa alguna, debemos afirmarnos en la Palabra de Dios. De nada sirve clamar: "¡Sí, lo creo!", si es que nuestra fe no se basa en la Palabra.

Pedro logró caminar sobre las aguas porque había creído y dependido solo de la palabra de Jesús. Pero al mirar las olas, comenzó a ahogarse.

Si has comprendido y obedecido la Palabra, cree que será hecho y no dudes en tu corazón. "¿Será cierto esto?" Nunca debes darle espacio al temor y a la duda.

Tengo una anécdota que contarle al respecto. Cuando era niño, mi sueño era ser un granjero. Y, por capricho, un día había plantado una batata en el patio de mi casa. Le echaba suficiente agua todos los días para que crezca rápidamente. En mi inquietud, al pasar unos días, cavé la tierra para ver cuánto había crecido. Pero para mi desilusión, no observé ningún fruto. La cuestión estaba en esperar hasta el otoño, que es el tiempo de cosecha. No obstante, yo no era lo suficientemente paciente como para esperar tanto tiempo, pues a esa edad, esperar unos días parecía toda una eternidad.

La paciencia es algo clave no solamente para los granjeros, sino también para los cristianos. Debemos esperar con paciencia y por fe, hasta que la promesa sea cumplida. Nuestros días no serán solamente de felicidad. Habrá tiempos de tristeza y dolor. Pero recuerden que para que la cosecha sea buena y fructífera, deben haber días de sol, de viento y de lluvia.

La vida cristiana también es así. No siempre nos va bien en todo. Hay días de tormenta en que surgen los problemas en el trabajo y en la familia, o en lo personal, al padecer de alguna enfermedad. Lo importante es no tambalear ante una situación adversa, sino afirmarse aún más en la roca de la Palabra. Si hemos comprendido y obedecido la Palabra, debemos saber esperar el cumplimiento de la promesa. Sobre una fe como esta, Dios obrará el milagro.

### 4) *Confiesa con la boca*

Mientras esperamos el fruto de la Palabra, es fundamental confesar con la boca por fe. Tenemos que imitar a Dios, que llama las cosas que no son como si fuesen. La confesión de la Palabra es el broche de oro que nos hará ver el fruto de la promesa.

"Fui salvo." "Soy bendecido." "Soy sano." "Mi Dios pues suplirá todo."

No debes confesar según el estado de tu ánimo. Confiesa aún en los momentos más caóticos y difíciles de tu vida, y no dejes de confesar y creer que la promesa se cumplirá. Dios obrará y hará el milagro, al oír las confesiones que salen de nuestra boca.

## 2. La semilla que cayó en pedregales

Después de hacer caer las semillas, Dios siempre prueba si esa tierra –una persona– puede o no dar buen fruto. El cristiano que no tiene raíces profundas, es tentado a abandonar la semilla de la Palabra, y luego mirar en lo mundano. Jesús indicó que una persona así, sin carácter, es como una semilla que cayó entre pedregales.

¿Qué son pedregales? A simple vista, solo se observa tierra. El problema está en que ninguna semilla sobrevivirá por mucho tiempo, y morirá, pues no puede echar raíces.

No obstante, si tan solo logramos remover todas las piedras, esta tierra se convertirá en la mejor y más fértil. Por más que el corazón del hombre sea tan duro como una roca, el amor de Dios es capaz de remover cualquier piedra y ablandarla hasta que se convierta en buena tierra.

## 3. La semilla que cayó entre espinos

Hay semillas que cayeron entre espinos y brotaron, pero los espinos crecieron y la ahogaron.

Un día, mientras estaba dirigiendo una conferencia en Alemania, se acercó un joven hacia donde yo estaba: se encontraba completamente borracho y decía: "Imponga su mano sobre mí para que reciba sanidad". Lo único que dije fue: "Yo no soy ningún mago que pueda hacer desaparecer tu enfermedad, sino un predicador".

Noté que el deseo de su corazón no era conocer y creer en Dios, sino solo recibir sanidad para el cuerpo. Dios nunca obra un milagro en un corazón lleno de avaricia, como este.

El corazón de espinos hace referencia a que la Palabra no puede dar fruto, debido a la avaricia y los deseos mundanos.

La semilla que cayó entre espinos no dará fruto, pues los espinos la ahogará. No obstante, si tan solo logramos remover los espinos, esta tierra también puede convertirse en la mejor tierra, apta para dar fruto bueno y abundante.

¿En qué condiciones está su corazón? ¿En alguna de estas que hemos mencionado?

Si es así, no te desanimes, pues todavía queda la posibilidad de que estas se conviertan en buena tierra. El corazón que se ha ensalzado podrá ser cortado por la espada de la Palabra, y el que se ha enfriado encendido por el fuego del Espíritu Santo.

Por lo tanto, no te desanimes. Tu corazón puede convertirse en la mejor tierra.

Planta en tu corazón la Palabra, desde Génesis hasta Apocalipsis. Conviértete en un hacedor de la Palabra, y quedarás sorprendido al ver los frutos de bendición que Dios mismo hará crecer.

## 5 · El principio de dar y recibir

*"Dad, y se os dará; medida buena, apretada, remecida y rebosando darán en vuestro regazo; porque con la misma medida con que medís, os volverán a medir"* (Lucas 6:38).

La razón por la cual muchos cristianos se encuentran con falta de gozo y motivación se debe a la escasez de vitalidad con relación a su fe. ¿Por que hay tantos creyentes que carecen de vitalidad? Respondo a mi propia pregunta diciendo que esto se debe a que los cristianos hoy se han acostumbrado a recibir, pero no a dar. La llenura y la unción de gracia del Espíritu Santo son dadas a las personas que saben dar para el beneficio de otros. Nuestros corazones se llenan del gozo del Espíritu Santo a medida que ponemos en acción este principio espiritual, y nos convertimos así en canales de bendición para otros.

El secreto de la bendición de Dios está en dar. El Espíritu Santo nos guiará en acción, y abrirá nuestros corazones, y entrará en ellos el amor, la gracia y la bendición de Dios.

¿Alguna vez te has fijado en el mar de Galilea y el

mar Muerto? Las aguas del mar de Galilea se dirigen hacia el mar Muerto. Nunca se estancan, siempre fluyen, lo que hace que los componentes del agua no se descompongan. Si las comparamos con las aguas del mar Muerto, estas están estancadas, y por lo tanto los componentes del agua se descomponen y hacen imposible cualquier clase de vida. ¿Cuál es el principio? Dar. ¿Quieres bendición? Entonces, ¡DA!

Hay muchas personas que esperan una mano; una mano de caricia, una mano de amor, una mano de bondad. Debemos aprender a expresar nuestro amor hacia ellas. No te encierres en ti mismo, porque la bendición de Dios nunca es dada a este tipo de personalidades.

Dios obra a través del principio de dar y recibir. Si expresamos nuestra bondad y damos, Dios nos bendecirá a cien, a sesenta o a treinta por uno. Medida buena, apretada y rebosando en nuestro regazo.

El reconocido rey del acero, Andrew Carnegie, dijo una vez:

"La razón por la que manejo esta fábrica, es que deseo que cada empleado tenga su propia cuenta de ahorros, y viva con esperanza".

La filosofía de este hombre no era ganar dinero solo

para sí, sino para todos los empleados de su empresa. Como consecuencia de esto, los empleados hicieron de ella una empresa de reconocimiento mundial.

Muchos pastores extranjeros me han preguntado sobre el secreto del iglecrecimiento. La pregunta siempre ha sido la misma: "¿Cómo hay que hacer para que mi iglesia crezca?" Mi respuesta es muy simple: "Asegúrese que cada miembro de su iglesia sea bendecido y exitoso, pues ellos son los que traerán bendición y éxito".

La clave para tener una familia sana también está señalada en este principio. Debes tomar la iniciativa en cuanto a expresar tu amor e interés por cada miembro de tu familia. El problema de muchas familias hoy, está en que nadie toma la iniciativa, y se interesan solamente en recibir.

El principio mundano dice: "Mejor es recibir que dar", pero el principio espiritual del reino de Dios afirma: "Sin considerar cuánto tengas, darás y compartirás a otros lo que tengas". Dios explica claramente que primero debemos dar, para así recibir la bendición de Dios.

La Palabra de Dios es clara: *"Dad, y se os dará"*.

## 6 · El principio del orden en cuanto a la petición

*"Más buscad primeramente el reino de Dios y su justicia, y todas estas cosas os serán añadidas"* (Mateo 6:33).

Es primordial que los creyentes sepan ordenar correctamente sus prioridades. Sin lugar a dudas, la prioridad número uno debe ser Dios, y amar a otros como a nosotros mismos.

Lamentablemente, veo a mucha gente que inclina la balanza hacia un solo lado: aman a Dios, pero no aman a su prójimo. Muchos de los problemas sociales hoy son producto del egoísmo. Los egoístas viven del orgullo propio, de la arrogancia y de la injusticia. Esto trae mucho perjuicio y hace que sufran muchos de sus allegados.

La relación con Dios es importante, pero la relación con el prójimo también es de suma importancia. El no amar al prójimo y el amor propio no son actos aceptables delante de la presencia de Dios. Una vida espiritual saludable e ideal es mantener el equilibrio de lo vertical –amar a Dios– y lo horizontal –amar al prójimo–.

Amar a Dios y al prójimo. Las prioridades deben ser ordenadas sobre esta base. Y una vez fundamentadas en eso, se debe orar, pedir y practicar.

Todo el que falle en distinguir las prioridades mayores y menores, tropezará con el fracaso. Todo joven que no se haya esforzado, se arrepentirá en su vejez.

Entonces, ¿cómo debemos organizar o reordenar nuestras prioridades? Jesús lo explica muy claramente: *"Buscad primeramente el reino de Dios y su justicia, y todas estas cosas os serán añadidas"* (Mateo 6:33).

## 1. Debemos buscar su reino

Debemos primeramente buscar su reino. Esto implica buscar el reino de Dios a través de la cruz. El ejército de este reino está compuesto por almas que han sido salvas de sus pecados por la sangre de Cristo Jesús.

Ningún cristiano, que forma parte de este gran ejército, guarda su esperanza y propósito aquí en la Tierra, sino en el reino de Dios que permanecerá para siempre. Para el creyente, la vida terrenal es apenas un recorrido que lo dirige hacia ese reino, el que implica mantener un alto grado de fe.

Después de Adán, el reino de los cielos empezó a proclamarse con la venida de Jesucristo a esta Tierra, la que estaba sumergida en el pecado, la injusticia, la maldición, la enfermedad, la pobreza, la muerte, etc.

Jesús, a través de su vida, reveló que la característica del reino de Dios era el perdón de pecados, la llenura del Espíritu Santo, la bendición de Abraham, la sanidad, la riqueza y la vida eterna.

Debemos orar para que estas mismas características no solo abunden en nuestro ser, sino también en la vida de nuestros prójimos.

## 2. Debemos buscar la justicia de Dios

Nuestro deber no solo consiste en buscar el reino de Dios, sino también en hacer todo lo posible para que la justicia de Dios sea manifestada aquí en la Tierra.

Los cristianos deben hacer fluir la justicia de Dios dentro de sus propias vidas. Dios se fija en el justo.

También es importante ocuparnos de la justicia en el ámbito social. Jesús estuvo con los pecadores, los pobres, los enfermos, se convirtió en su amigo y salvador. Jesús trajo justicia a la sociedad. Nosotros, los que nos identificamos como discípulos de Jesús, debemos imitarlo, esforzarnos en la justicia social.

Otra cosa importante es la justicia en el ámbito nacional, la que no debe estar fuera de interés de los cristianos.

Es lamentable saber que en Corea del Sur continuamente tenemos presente la injusticia. Lo triste es que el Evangelio no ha logrado aún cambiar las estructuras de la sociedad coreana.

Las estadísticas indican que el 25% de la población coreana confiesa ser cristiana; sin embargo, no se registran huellas de justicia en nuestra nación, a pesar de que tenemos miles de iglesias y más de diez millones de cristianos. Esto tendría que haber cambiado las cosas; no obstante, nada ocurre. ¿Qué significa todo esto? Esto significa que nosotros, los cristianos, hemos fallado en esta misión, que consiste en realizar la justicia de Dios aquí en la Tierra.

Donde no hay justicia, abunda la sequía y la hipocresía. Por lo tanto, los creyentes deben ir al frente en oración y poner su ahínco para que la justicia fluya en lo personal, en lo social y en lo nacional. El cristiano es la persona que mantiene una doble relación: la relación con Dios y la relación con el prójimo, con la sociedad.

El hecho de permanecer dentro de las paredes de la iglesia, orando y ayunando, sin interesarse del sufrimiento y la injusticia social, es una señal de decadencia espiritual de la iglesia.

Jesús explicó que si buscamos primeramente el reino de Dios y su justicia, todas estas cosas serían añadidas.

Si tan solo la justicia divina llagase a abundar en el ámbito financiero, gubernamental y social, una distribución correcta de las riquezas acabaría por completo con la pobreza, el soborno, la injusticia, el pecado, la violencia, los hurtos, etc.

Por consiguiente, comienza a orar no solo por sus necesidades, sino también por la realización del reino de Dios y su justicia aquí en la Tierra. Este es el orden correcto en cuanto a la prioridad que debes mantener para que los problemas temporarios desaparezcan.

Si eres de esos creyentes que acostumbran a pedir solamente por sus necesidades, sin buscar primeramente el reino de Dios y su justicia, es muy probable que tu vida cristiana vaya a la deriva, que carezca de rumbo fijo.

El agricultor hace todo lo posible para lograr una cosecha exitosa. No obstante, la falta de lluvia y sol puede perjudicar su cosecha severamente. ¿Qué quiero decir con esto? Quiero decir que es Dios el que tiene que bendecir para que el hombre pueda ser bendecido. Si Dios no bendice, cualquier esfuerzo del hombre será en vano. La bendición de Dios es derramada a las personas que buscan primeramente el reino de los cielos y su justicia.

## 7 · El principio de la masa

El principio de la masa es un principio de la misma naturaleza. Las aves se relacionan entre sí, los patos con los patos, y forman grupos. En el área espiritual, también se aplica este principio. Personas negativas se relacionan con personas negativas, los que son positivos se sienten más a gusto con gente de su mismo sentir. Los creativos tratan de estar al lado de gente que ama la creatividad. Cada uno según su especie.

El evangelista Marcos, en el capítulo 5, narra cómo la hija de Jairo fue sanada dramáticamente por Jesús.

Un día, mientras Jesús predicaba a una gran multitud en la orilla del mar, vino a su encuentro un hombre llamado Jairo, de los principales de la sinagoga, para rogarle que sanara a su hija gravemente enferma. Mientras iban camino a la casa donde estaba la niña enferma, vinieron unos siervos de la casa y dijeron: "Tu hija ha muerto, y no creo que haga falta molestar más al Maestro". No obstante, Jesús animó a Jairo diciendo: *"No temas, y cree solamente"*, y siguió su camino.

Como se esperaba, había un gran alboroto en la casa

a causa de la muerte de la niña. Al notar esto, Jesús exclamó: *"¿Por que alborotáis y lloráis? La niña no esta muerta, sino duerme"* (Marcos 5:39). Al escuchar estas palabras, la gente se burló de Jesús. Pero Él echó fuera a todos, con excepción de algunos íntimos, entró donde estaba la niña, e hizo el milagro.

Aquí podemos notar que Jesús hizo uso del principio de la masa para sanar a la niña. El Señor dejó junto con él solo a los que tenían fe.

Nuestra vida depende de la gente con las que nos relacionamos y mantenemos una comunión permanente. Si te reúnes y tienes comunión con gente de fe, te convertirás en una persona de fe. Si lo haces con gente positiva, serás alguien positivo. Este principio también se aplica con relación a la bendición de Dios. Si anhelas recibir la bendición de Dios, tienes que tener comunión con gente bendecida.

El poder de Dios es el mismo ayer, hoy y por los siglos de los siglos. Pero la luz del poder de Dios no se manifiesta a gente incrédula, sino a hombres y mujeres de fe.

Jesús no hizo muchos milagros en Nazaret, su pueblo natal. ¿Por qué? La Biblia lo explica así:

*"Y no hizo allí muchos milagros, a causa de la incredulidad de ellos"* (MATEO 13:58).

Jesús nunca obra milagros delante de gente que no cree en su poder. Querido lector, fíjate en tu alrededor. ¿Quiénes te rodean? ¿Hay mucha gente negativa, pesimista, que vive quejándose de todo y critica a todos? Digo esto, porque en un lugar así es muy difícil que fluya la gracia y los milagros del Señor. Sin embargo, si te encuentras rodeado de gente de fe, entonces puedes estar tranquilo, ¡porque el milagro será tuyo!

La bendición de Dios es dada a las personas que guardan en su corazón una fe positiva y creativa. Por lo tanto, si anhelas recibir la bendición de Dios, rodéate de personas positivas, que tienen fe, que guardan esperanza.

¡Gracias por haberme acompañado! Ya hemos terminado de estudiar los principios espirituales bíblicos. Ahora vamos juntos a aplicarlos en nuestras vidas. Estoy persuadido de que serás bendecido por haber sometido tu personalidad a estos principios espirituales, y los has obedecido.

# PARTE III

*La aplicación del poder de la fe*

## 1 · Siete pasos para alcanzar una vida creativa de éxito

Yo nunca he visto un versículo en la Biblia que diga que debemos vivir en la pobreza, en el fracaso y en la desesperanza. ¡Todo lo contrario! La Biblia nos ha prometido prosperidad.

> *"Y poderoso es Dios para hacer que abunde en vosotros toda gracia, a fin de que, teniendo siempre en todas las cosas todo lo suficiente, abundéis para toda buena obra; como está escrito: Repartió, dio a los pobres; su justicia permanece para siempre"* (2 Corintios 9:8-9).

La bendición de Dios no consiste solamente en el área espiritual, sino que incluye también el área física.

Tenemos el ejemplo de Job. En su época fue el hombre más rico del Oriente; en Job 1:3 leemos de la enorme hacienda que tenía: siete mil ovejas, tres mil camellos, quinientas yuntas de bueyes, quinientas asnas y, además, muchísimos criados. Es cierto que fue tentado y perdió todo lo que tenía. No obstante, después de la prueba, recibió el doble de lo que había poseído antes (véase Job 42:10).

Isaac también. En obediencia, sembró y cosechó ciento por uno; se enriqueció y fue prosperado, y se engrandeció hasta hacerse muy poderoso (véase Génesis 26:12-13).

Jacob, cuando salió para ir a la casa de sus parientes tenía las manos vacías. Sin embargo, al volver a su pueblo natal, poseía un gran ganado *"Y todo cuanto había adquirido"* (véase Génesis 31:17-18).

José fue vendido como siervo por sus hermanos; sin embargo, Dios lo levantó, y se convirtió en el primer ministro de la tierra de Egipto, y fue de mucha bendición a otras naciones (véase Génesis 41:41).

Pablo trabajó por sí mismo, sin necesidad de ser gravoso a nadie (véase 1 Tesalonicenses 2:9; 2 Tesalonicenses 3:8).

Desde el libro de Génesis hasta el Apocalipsis, nunca he visto a alguien que creyendo y siendo fiel a Dios haya vivido y muerto en medio de la pobreza. ¿Sabe por qué? Porque Dios, que es Señor de toda la creación, es nuestro santo Padre.

Dios no quiere que nosotros, sus hijos, estemos preocupados por nuestra vestimenta y nuestros alimentos, pues con este tipo de preocupaciones se identifican los gentiles. Todas estas cosas son añadidas naturalmente, si tan solo buscamos primeramente el reino de Dios y su justicia.

Si Dios es un Dios que protege y considera las necesidades de los gentiles, ¡cuánto más de nosotros, que fuimos redimidos por la sangre de Jesucristo! Dios, por su gran nombre y gloria, nos bendecirá.

El problema está en nuestra fe y actitud. La fe y la actitud son las llaves para que, a través de una vida creativa y productiva, podamos recibir toda la bendición que Dios tiene para nosotros.

Te presento en las próximas páginas algunos pasos que te ayudarán a recibir esa bendición que tanto has anhelado. Estos pasos están basados en las distintas etapas de la creación del universo.

Si logras comprenderlos y ponerlos en acción, estoy convencido de que tu vida no será la misma.

Estos pasos harán que la oscuridad se convierta en luz, que el caos se convierta en orden, que la muerte se convierta en vida, que lo vil se convierta en algo agradable.

Estoy seguro que en lugar de la pobreza, predominará la prosperidad; en lugar de la tristeza, el gozo.

Te invito a que me acompañes en el descubrimiento de este secreto.

## 2 · Espera que la luz del Señor resplandezca sobre ti

*"En el principio creo Dios los cielos y la tierra. Y la tierra estaba desordenada y vacía, y las tinieblas estaban sobre la faz del abismo, y el Espíritu de Dios se movía sobre la faz de las aguas. Y dijo Dios: Sea la luz; y fue la luz"* (Génesis 1:1-3).

Lo primero que dijo Dios para poner en orden a un mundo desordenado y vacío fue: "Sea la luz". Esto implica que nosotros, al ver nuestra vida desordenada y vacía, también podemos y debemos exclamar tal como Dios lo hizo en su creación: "¡Sea la luz!"

¿Qué es la luz? La luz nos permite ver claramente las cosas, aún de noche. Espiritualmente hablando, la luz nos permite ver claramente la dirección en que debemos dar nuestros pasos. Entonces, ¿cómo hacemos para que la luz resplandezca nuestros caminos?

Primero, ora fervientemente. Luego, confiesa con la boca en el momento en que creas haber recibido la fe para aceptarlo. Porque la luz resplandecerá sobre tu vida en forma de visiones e ideas creativas.

Una hermana, miembro de mi iglesia, tuvo una vez una seria dificultad financiera debido a un problema de negocios. Tenía cinco hijos, y la situación no garantizaba ninguna seguridad. Tal fue su ansiedad que decidió pasar días en ayuno y oración. Un día, mientras oraba, resplandeció una luz, y vio una visión. En ella, la hermana observó muy claramente un local.

No dudó un instante, y aseguró que la visión venía de Dios. Un mes después, había puesto un negocio justo en ese local que había visto en visión, y a partir de allí el Señor le suplió para obtener liberación de toda su deuda financiera.

El primer paso para lograr una vida creativa es esperar que la luz de Dios resplandezca sobre nuestras vidas. Espera en la luz del Señor. No te muevas ni decidas hacer algo por tu cuenta, antes de haber visto la luz de Dios.

Hoy muchas personas no saben cómo salir y escapar del abismo, porque prefieren depender de sus propias fuerzas y de sus propios métodos.

Por lo tanto, quiero dejar muy en claro que si realmente anhelas una vida de bendición y de éxito, debes esperar en oración y meditación hasta que la luz de Dios resplandezca sobre tu vida. La luz creativa de Dios revelará a tu corazón cuál es tu deber.

La luz puede venir de distintas formas: en forma de sueños, de visiones, en una palabra especifica, mientras alguien está predicando, etc. Espera que el Espíritu de Dios te guíe en su dirección, porque todo creyente que vaya delante del Espíritu, fracasará. Por lo tanto, espera en oración y confiesa por fe: "¡Que la luz de Dios resplandezca sobre mi vida! ¡Sea la luz! ¡Sea la luz!"

## 3 · Cielos abiertos: clave del milagro

*"Luego dijo Dios: Haya expansión en medio de las aguas, y separe las aguas de las aguas. E hizo Dios la expansión, y separó las aguas que estaban debajo de la expansión, de las aguas que estaban sobre la expansión. Y fue así. Y llamó Dios a la expansión Cielos. Y fue la tarde y la mañana el día segundo"* (Génesis 1:6-8).

En el segundo día de la creación, dijo Dios: *"Haya expansión en medio de las aguas, y separe las aguas de las aguas"*. El cosmos, que hasta ese momento se hallaba lleno de aguas, fue dividido en dos; y en el medio se observaron los cielos.

Según el primer paso, nosotros ya hemos recibido la luz de Dios. No obstante, la realidad es que todo lo que nos rodea abunda en aguas de ansiedad, de desesperanza y de maldición. El segundo paso indica que las aguas de desesperanza deben ser divididas en dos hasta que podamos observar con nuestros ojos los cielos que simbolizan la esperanza. El cielo envuelve la presencia divina y su Palabra, pues la Palabra dará lugar al milagro.

Por consiguiente, al igual que en la creación del cosmos, nosotros también tenemos que ser capaces de ver los cielos abiertos. La puerta del cielo tiene que abrirse. No podemos depender de nuestros propios esfuerzos, sino de la bendición divina por medio de los cielos abiertos, pues a través de ellos escucharemos la voz de Dios decir: *"Si puedes creer, al que cree todo es posible"*.

¿Puedes notar los cielos abiertos en tu vida y en tu corazón? ¿Puedes ver la expansión de la fe en tu vida? Si es así, exclama con todo su corazón: "¡Señor, confieso que hoy es el día del milagro!"

Debes creer que el milagro ocurrirá en el lugar de trabajo. Ten la convicción de que en tu familia también se presentará el milagro. Espera, en oración, el milagro.

La persona que no ha experimentado cielos abiertos en su vida, nunca gozará de un milagro celestial, porque para tales personas la Palabra de Dios no es palabra de poder, viva y eficaz.

Uno de los peores defectos en la vida cristiana de un creyente es la falta de perseverancia. En la época del diluvio, Noé y su familia no vieron ni una gota de agua durante ciento cincuenta días, pues el arca era una nave sin ventanas. Noé había hecho un arca de tres pisos, con una puerta de gran tamaño, la que había sido cerrada por Dios, según la Biblia. Por consiguiente, él y su familia lo único que podían observar era el cielo por una ventana ubicada en la parte superior del arca.

Las aguas cayeron por cuarenta días y cuarenta noches, una gran inundación cubrió la Tierra, lo que presagiaba a toda esa familia un futuro sombrío y sin esperanza. No obstante, lo único que observó Noé fue el cielo.

¿Qué significa esto? ¿Hay alguna lección que deberíamos saber y tomarla en cuenta seriamente? Sí, pues esta historia nos enseña que debemos observar el cielo, esperar en la promesa y el milagro del Señor, por más que las circunstancias se nos presenten difíciles y adversas.

La ventana, por la que observamos el cielo, es la Biblia. Solo por medio de la ella podremos observar cielos abiertos. La Palabra nos consolidará, hará incrementar nuestra fe, y nos dará la valentía suficiente para poder observar claramente el milagro celestial.

Por lo tanto, te aconsejo que vayas a la iglesia y oigas los mensajes de fe, que leas la Biblia, que es la Palabra de Dios, y que mantengas un alto grado de esperanza con relación al milagro. Cree que hoy será el día donde lo sobrenatural tomará lugar. No dudes en que el día de mañana será mejor que el de hoy, que el mes siguiente será más próspero que el actual, y que el año próximo será mucho mejor que este.

La clave del éxito está en cielos abiertos. Los que observan las aguas de la desesperanza caerán en el abismo, pero a los que creen y esperan en el milagro celestial, les serán puestas las alas de la Palabra, y serán como las águilas: volarán bajo el cielo abierto, y no cesarán.

## 4 · Haz planes específicos

*"Dijo también Dios: Júntense las aguas que están debajo de los cielos en un lugar, descúbrase lo seco. Y fue así. Y llamó Dios a lo seco tierra, y a la reunión de las aguas mares. Y vio Dios que era bueno. Después dijo Dios: Produzca la tierra hierba verde, hierba que dé semilla, árbol de fruto que dé fruto según su género, que su semilla esté en el, sobre la tierra. Y fue así"* (Génesis 1:9-11).

En el momento en que la Tierra estaba sumergida bajo las aguas, no ocurrió nada. Sin embargo, cuando lo seco fue descubierto por la palabra de Dios, la tierra fértil apareció y los árboles crecieron y dieron fruto. ¿A que equivale esa "tierra fértil" en nuestras vidas? Equivale a organizar planes específicos que implican visión, propósito y un determinado plazo de tiempo bajo la guía del Señor.

Según entiendo, Dios nunca bendice planes borrosos y sin propósitos fijos. ¿Quieres que tu iglesia crezca? Entonces, como pastor, especifica tus planes y estrategias con relación al iglecrecimiento. Piensa y calcula cuántas personas deberían asistir por primera vez a tu iglesia por semana, para llegar al número que desea. Por supuesto, el plan también implica determinar un cierto tiempo.

Si eres comerciante, organiza tu agenda y tus planes específicamente, y cree en el milagro. Determina la variedad de los productos a vender, la magnitud de la esfera que esperas alcanzar, el tamaño del local, la ganancia diaria, etc.

Debemos establecernos en la "tierra fértil", sobre la que produciremos fruto, y exclamar con todas nuestras fuerzas: "Haz el milagro, ¡Señor!", y Él obrará. Por más grande que sea la tierra, si la misma se encuentra por debajo de las aguas, ningún mapa será capaz de registrarla. Lo seco tiene que descubrirse para convertirse en fértil y dar fruto.

De tu corazón tendrán que surgir planes y propósitos específicos. De este modo, Dios podrá bendecir sobre lo fértil y dar fruto. Ningún propósito que no sea específico podrá ser bendecido por Dios, y como consecuencia nunca podrá dar fruto. No conozco a ningún propósito específico que no haya sido bendecido por Dios. Por lo tanto, haz planes específicos. Organiza tu agenda en forma clara y transparente. Establece límites de tiempo. Dios bendecirá sobre tu tierra que ha sido descubierta.

## 5. Deja que el Sol, la Luna y las estrellas resplandezcan sobre tu vida

*"Dijo luego Dios: Haya lumbreras en la expansión de los cielos para separar el día de la noche; y sirvan de señales para las estaciones, para días y años, y sean por lumbreras en la expansión de los cielos para alumbrar sobre la tierra. Y fue así. E hizo Dios las dos grandes lumbreras; la lumbrera mayor para que señorease en el día, y la lumbrera menor para que señorease en la noche; hizo también las estrellas. Y las puso Dios en la expansión de los cielos para alumbrar sobre la tierra"* (Génesis 1:14-17).

Es interesante saber que en el cuarto día creó Dios el Sol, la Luna y numerosas estrellas, para el hombre.

El sol del hombre es la sabiduría, la luna los sentimientos, y las estrellas son aquellas ideas creativas que nos ayudan a resolver algún problema.

¿Cuál es el propósito de todo esto? Una vez que hayas establecido planes específicos, hace falta llevarlos a cabo con sabiduría, emoción e inteligencia, distinguir los tiempos y las distintas situaciones que se nos presentarán a lo largo de esta aventura.

No es normal que un granjero coseche sus frutos en época de invierno, por más que tenga fe para mover montañas y pida a Dios. La ley de la naturaleza y de Dios indica que debemos plantar semillas en época de primavera, para así cosechar en época de verano u otoño. En nuestra vida cristiana, nunca debemos actuar o llevar a cabo algo sin distinguir y tener en cuenta los tiempos. La visión y el propósito de Dios no lo determinan todo. El tiempo también es otro factor importante dentro de la escalera del éxito. Por lo tanto, tenemos que saber distinguir el tiempo divino, y utilizar la sabiduría, la emoción y la inteligencia.

Lo cierto es que hay veces que el clima de nuestro corazón está nublado e inestable debido a las neblinas de odio y de avaricia. Mantiene distancia de estas neblinas.

Una vez leí un artículo de un nuevo descubrimiento realizado por la universidad de Osaka, Japón. Decía así: "Después de haber encerrado a un perro por cuatro horas, y haberlo provocado hasta llegar a un cierto límite, se observó en su encéfalo una gran porción de elemento tóxico, un veneno llamado *cyan*, el que es capaz de matar a ochenta perros".

El hombre también. Cuando alguien se enoja se distribuyen estos venenos, producen un cambio fisiológico, y afecta a los distintos órganos del cuerpo.

Por lo tanto, nunca decidas hacer algo por avaricia o por sentimientos temporarios. Si logras mantener distantes a estos dos elementos, el Sol, la Luna y las estrellas nunca dejarán de resplandecer sobre tu vida.

## 6 · VISUALIZA LA PROSPERIDAD

*"Dijo Dios: 'Produzcan las aguas seres vivientes, y aves que vuelen sobre la tierra, en la abierta expansión de los cielos.' Y creó Dios los monstruos marinos, y todo ser viviente que se mueve, que las aguas produjeron según su género, y toda ave alada según su especie... E hizo Dios animales de la tierra según su género, y ganado según su género, y todo animal que se arrastra sobre la tierra según su especie. Y vio Dios que era bueno."* (GÉNESIS 1:20-25)

En el quinto y sexto día de la creación, llenó Dios la Tierra y las aguas con seres vivientes. En la abierta expansión de los cielos, las aves; sobre la tierra, gran especie de animales; en las profundidades de las aguas, monstruos marinos.

Imagínate a ti mismo, dueño de todas estas especies. ¿Qué clase de autoimagen te vendrían a tu mente? ¿Una autoimagen positiva de prosperidad, o una imagen negativa de pobreza y miseria? Sin lugar a dudas, una imagen de prosperidad.

Por lo tanto, nunca dejes de visualizar la prosperidad. Deja que en su corazón se muevan con libertad las aves, las bestias y los peces del mar. Deja que la prosperidad abunde en tu corazón.

Al seguir visualizando la prosperidad en tu mente, las ondas de prosperidad saldrán de ti, y por medio del principio de la masa, tu éxito dará fruto a otro éxito, tu bendición a otra bendición, y la prosperidad no dejará de crecer a tal punto que quedarás rodeado de éxito y de bendición.

Pero en caso de que sigas visualizando el fracaso y la pobreza, y confieses: "No, no puedo. Soy un fracasado. Soy pobre, siempre lo he sido", las ondas de pobreza que salen de ti atraerá a otra pobreza y a otro fracaso. Si mantienes un pensamiento negativo como este, de acuerdo al principio de la masa, nunca podrás salir de la miseria, de la pobreza y de la enfermedad, pues las mismas te alcanzarán.

Por consiguiente, si deseas ser próspero, nunca dejes de creer en la prosperidad. Visualiza en tu corazón la abundancia de las aves, de los animales y de los peces del mar. Déjate llenar de imágenes de prosperidad y de éxito.

La parábola de los talentos (véase Mateo 25:14-30) cuenta que al siervo que había recibido cinco talentos, y que había salido a trabajar para ganar a otros cinco talentos, le fue dado un talento adicional. Pero que al siervo que había recibido un talento, y lo había escondido en la tierra, le fue quitado lo que tenía. Jesús finalizó su comentario diciendo:

*"Porque al que tiene, le será dado, y tendrá más; y al que no tiene, aún lo que tiene le será quitado"* (MATEO 25:29).

Te bendigo en el nombre de nuestro Señor con relación al trabajo, y que puedas visualizar la prosperidad, la salud y la sanidad.

## 7 · Piensa positivamente

*"Y los bendijo Dios, y les dijo: Fructificad y multiplicaos; llenad la tierra y sojuzgadla, y señoread en los peces del mar, en las aves de los cielos, y en todas las bestias que se mueven sobre la tierra"* (Génesis 1:28).

Hemos llegado al sexto paso de la escalera de la bendición. Este paso implica, como hombres y mujeres creados conforme a la imagen y semejanza de Dios, gozar de la bendición de sojuzgar toda la Tierra y las cosas que hay en ella.

Debemos primeramente concentrar nuestra atención en la realidad que hemos sido creados conforme a la imagen y semejanza de Dios. La imagen de Dios en el hombre ha sido deteriorada por el pecado de Adán y Eva. Sin embargo, nosotros, los creyentes, hemos recuperado esa imagen por la sangre de Cristo Jesús, la que nos permite acercarnos a la presencia divina en alabanza y adoración.

Algo importante es mantenernos conscientes de que

hemos sido creados conforme a la imagen de Dios.

La historia relata que el hombre, en su soberbia, construyó la torre de Babel, queriendo mostrar que es capaz de ser como Dios. El resultado de todo ese acto fue el caos. Por consiguiente, debemos someternos a la soberanía de Dios, obedecer su Palabra y dejar que el Señor sea lo más importante en nuestras vidas.

Dios nos dijo que sojuzguemos la Tierra. Este acto de conquista implica que debemos mostrar una actitud activa. Tenemos que ir al frente con todas nuestras fuerzas. No podemos esperar que el Señor bendiga nuestras vidas si no nos esforzamos y si no mostramos ahínco en nuestro objetivo, disfrutando y gastando todo lo que queremos. Con una vida así, nunca podremos marcar la diferencia de la bendición de Dios.

Si quieres ser líder, debes comprometerte con un alto grado de responsabilidad. El líder debe caracterizarse e identificarse con la responsabilidad. Una persona irresponsable nunca podrá convertirse en alguien que lidera a otros.

El jefe de la familia debe ser el que lleva toda la carga de la familia en su hombro. Dios bendice a las personas con carácter de responsabilidad con relación al tiempo y al trato de su propia vida.

Si deseamos sojuzgar la Tierra, como lo hizo Adán,

debemos guardar un pensamiento muy positivo. Toda persona que pronuncie palabras negativas quedará excluido de esta bendición. Pero la persona que piensa positivamente confiesa con valentía: "Soy un hijo o una hija de Dios que sojuzga y señorea cualquier tipo de circunstancias. Yo sojuzgo las enfermedades en el Nombre de Jesucristo. Por las llagas de Jesús, he sido sanado o sanada. Yo sojuzgo y señoreo mi mala personalidad en el Nombre de Jesús".

Si solo logras mantener una actitud positiva de conquista y de victoria, contarás con una gran abundancia de prosperidad y de felicidad.

## 8 · Ora hasta que la paz de Dios caiga sobre tu vida

*"Fueron, pues, acabados los cielos y la tierra, y todo el ejército de ellos. Y acabó Dios en el día séptimo la obra que hizo; y reposó el día séptimo de toda la obra que hizo"*
(Génesis 2:1-2).

Después de haber creado Dios todo el cosmos y las cosas que habitan en ella, reposó. El reposo es una etapa fundamental en este proceso. El último paso de nuestra vida es el paso del reposo y la paz interior.

Un joven comenzó a escribir en un papel todas las cosas que aspiraba.
- Fama
- Dinero
- Salud
- Una hermosa esposa
- Un hijo inteligente
- Poder...

Y la lista no parecía tener fin. Una vez completada su larga lista, fue a mostrárselo a un profesor muy querido por el joven.

— Profesor, fíjese. En este papel he anotado específicamente todas las cosas que considero importante. Los alcanzaré cueste lo que costare.

Sonriendo, el profesor le dijo al joven:

— Muy bien. Pero tú has omitido lo más importante.

Sorprendido, preguntó el joven:

— ¿Qué es lo más importante?

Y el profesor tomó una lapicera de su escritorio y escribió en la última parte de esa lista: "Paz interior".

¿Lo has comprendido? Puedes llegar a tener toda la fama y todas las riquezas que desees, pero si no tienes paz en tu corazón, nunca podrás ser una persona feliz. Esta es la razón por el que Dios ha reposado en el último día.

Todo comienzo y todo fin está en las manos del Todopoderoso. Dios fue el que dio inicio a la creación de este mundo físico, y el que reposó al culminar su obra.

No existe nada en el universo que haya sido creado por el hombre. Dios creó al hombre después de haber creado todo el universo. Como consecuencia, Adán no necesitó hacer ninguna obra. Dios es el que lo ha hecho y el que, además, está señoreando este mundo. El hombre es el que debe creer, adorar y alabar al Señor.

La razón por la que Adán y Eva fueron echados del

huerto de Edén, se debe a que ellos quisieron crear su propio mundo y señorearlo.

La obra creativa es un privilegio de Dios. Por consiguiente, para alcanzar el éxito, debemos dejar que Dios haga la obra por nosotros, y no nosotros por Dios.

¿Tienes dificultades en tu vida? Encomienda la obra a Dios, y deja que Él haga la obra. Acércate a la presencia divina y deja que Dios obre el milagro, porque solo así podrás gozar de la bendición del reposo y de la paz interior. El reposo y la paz en tu corazón serán como faros de luz que te indicarán que Dios ha tomado el control de tu vida.

*"Venid a mi todos los que estáis trabajados y cargados, y yo os haré descansar. Llevad mi yugo sobre vosotros, y aprended de mí, que soy manso y humilde de corazón; y hallareis descanso para vuestras almas; porque mi yugo es fácil, y ligera mi carga"* (MATEO 11:28-30).

En síntesis, sin importar lo que hagas, primero ora hasta que la paz de Dios caiga sobre tu vida. Luego, inicia su obra. Nunca comiences algo sin sentir la paz de Dios, pues el responsable del fracaso serás tu mismo. Pero si inicias algún proyecto contando con la paz divina, el Alfa y la Omega, el principio y el fin se responsabilizará y hará la obra por ti.

# Más secretos para una vida de fe exitosa

**DAVID YONGGI CHO**
**LA CUARTA DIMENSIÓN**
*Volumen 2*

Más secretos para una vida de fe exitosa.

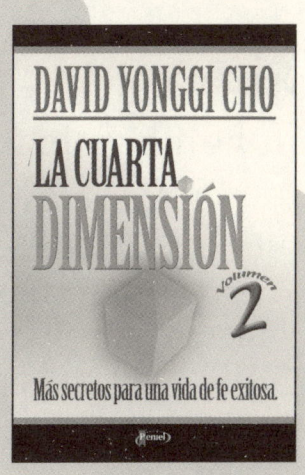

Viaje junto al doctor Cho a través del Segundo Volumen de La Cuarta Dimensión y descubra...

- cómo moverse junto al Espíritu Santo.
- cómo ver claramente el resultado de nuestra oración.
- cómo arder en la visión del Señor.
- los instrumentos clave de la Cuarta Dimensión.
- el poder creativo del lenguaje.
- cómo vivir una exitosa vida de fe.

**Peniel**

www.editorialpeniel.com

# mi pastor
## un hombre de Dios

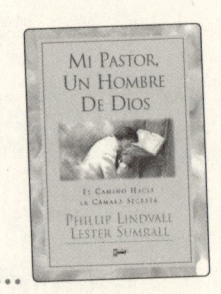

El camino hacia la
cámara secreta

**Phillip Lindvall - Lester Sumrall**

.....................................................

# Dios te invita
## a soñar

Lo posible puede ser hecho
por todo el mundo; el desafío
es probar que con Dios no
hay imposibles.

**Harold Caballeros**

.....................................................

# No te rindas

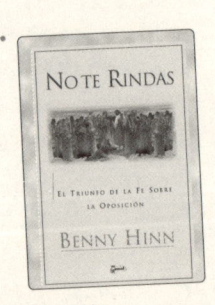

Un glorioso relato
del triunfo de la fe
sobre la oposición

**Benny Hinn**

**Peniel**

www.editorialpeniel.com

# el fragante
## aroma de cristo

Haz sido escogido para cambiar la
atmósfera y mostrar a Jesús
en todo lugar

Juan José Churruarín

----

# el toque
## del maestro

Ella creía en Dios
y en los milagros

Kathryn Kuhlman

----

# el adorador
## insaciable

Renovando el corazón en
intimidad con Dios

Matt Redman

**Peniel**

www.editorialpeniel.com